Knaur

Über die Autorinnen:

Frauke und Wiebke Lorenz wurden um 1971 in Düsseldorf geboren und verbrachten eine unbeschwerte Kindheit in dem pittoresken Örtchen Kaarst-Büttgen. Mittlerweile konnten sie sich bis nach Hamburg durchschlagen. Wiebke arbeitet heute als Journalistin und Drehbuchautorin. Neben zahlreichen Kurzgeschichten hat sie bereits zwei Romane veröffentlicht (»Männer bevorzugt«, Rowohlt, 1998; »Liebe, Lügen, Leitartikel«, Piper, 2000). Auch Frauke veröffentlichte schon einen Roman, der eigentlich alles enthält, was einen Bestseller ausmacht: *Sex, Crime and Suspense*. Es ist so wohl nur noch eine Frage der Zeit, bis »Die Bedeutung freier Träger für ambulante Maßnahmen in der Jugendstrafrechtspflege« (Peter-Lang-Verlag, 1999) als große Hollywoodproduktion in unsere Kinos kommt. Möglicherweise mit Julia Roberts als ambulante Maßnahme. Bis es aber so weit ist und sich Frauke Lorenz endlich aus dem Erwerbsleben zurückziehen kann, wird sie weiter als Pressesprecherin ihre Brötchen verdienen.

(Falls Sie sich nun fragen, was gerade die beiden Damen Lorenz dazu befähigt, ein Kochbuch zu schreiben: Nichts! Außer natürlich, dass sie gern essen und es immer wieder schaffen, Männer und andere Menschen mit ihren Koch- und Bluffkünsten um den Finger zu wickeln!)

Frauke und Wiebke Lorenz

Das Hexenkochbuch

Die moderne Zauberfrau im Tiefflug durchs Kühlregal

Knaur

Liebe Leserinnen, liebe Leser,

lassen Sie sich nicht verwirren, wenn Sie denken, dass Sie dieses Buch vielleicht schon kennen: Wir haben es bereits 1999 unter den Autorenpseudonymen *Anne und Julia Frederic* veröffentlicht und nach dem großen Erfolg nun für diese Ausgabe komplett überarbeitet und verbessert. Obwohl wir und der Verlag alles unternommen haben, um die Rezepte auf ihre Tauglichkeit zu prüfen, können wir natürlich weder für ihr Gelingen noch für ihre Verträglichkeit garantieren oder Haftung übernehmen.

Frauke & Wiebke Lorenz
im Oktober 2000

Besuchen Sie uns im Internet:
www.droemer-weltbild.de

Komplett überarbeitete und erweiterte Taschenbuchausgabe
der 1999 in der Reihe Knaur XS erschienenen Originalausgabe.

Umschlaggestaltung: ZERO Werbeagentur, München
Umschlagabbildung: Zefa, Düsseldorf/Photonica, Hamburg
Satz: Ventura Publisher im Verlag
Druck und Bindung: Nørhaven A/S
Printed in Denmark
ISBN 3-426-61840-0

5 4 3 2 1

Für Bernd –
Dich verhexen wir am liebsten!!!

Worauf Sie sich gefasst machen können

Vorwort: Hexen, Hexen

Traurig, aber wahr: Der deutsche Durchschnittsmann erwartet von einer Frau immer noch, dass sie in der Küche Meisterleistungen vollbringt. Während er dumm-bräsig vor dem Fernseher hockt, soll sie in einer Zeit, die keinesfalls länger als *ran täglich* dauern darf, Paul Bocuse übertrumpfen und dabei gleichzeitig aussehen wie Claudia Schiffer (wahlweise Dolly Buster). Nebenbei dürfen allerdings schon mal Erfrischungen (Bier!) gereicht werden. Ja, zaubern müsste frau können …

Falsch!

Wir meinen: *Hexen* muss sie! Und zwar nicht, um ihren Liebsten damit glücklich zu machen (obwohl das natürlich nicht schaden kann), sondern um damit allgemein besser durchs Leben – und durch die Küche – zu kommen. Dabei denken wir nicht an eine Mixtur aus Krötenschleim und Otterfüßen; die macht vielleicht schön, dürfte aber unserer Einschätzung nach nicht wirklich gut schmecken. Und wir wollen ja nicht, dass unser Lover nach dem ersten Löffel bereits das Weite sucht oder auf den Tisch kotzt. Wir möchten auch niemanden überreden, zu mitternächtlicher Stunde und bei Vollmond im Garten des Nachbarn ein paar Regenwürmer auszugraben, die anschließend über einer Duftlampe mit Ylang-Ylang-Öl geröstet werden.

Im Gegenteil!

Die moderne Hexe behilft sich nicht mit *Abrakadabra* und *Simsalabim*, sondern mit einem wachen Verstand. Das heißt: Sie improvisiert, sie überspielt, sie bestellt nötigenfalls beim besten Partyservice der Stadt, oder sie überredet einen gutmütigen Kumpel, im Hintergrund ein paar Sushi-Häppchen zu rollen, während sie selbst die mondäne Gastgeberin spielt.
Mit anderen Worten: Sie bescheißt, wo es nur geht, und erweckt so gekonnt, voller Charme und Finesse, den Eindruck, dass sie nicht nur am Herd, sondern auch in allen anderen Lebenslagen eine Heldin ist.
Ebenso, wie Hexen schon vor Jahrtausenden ihre Verbündeten hatten, verfügt auch eine moderne Hexe über einige Gehilfen: Anstelle des schwarzen Katers steht ihr eine gutsortierte Tiefkühltruhe zur Seite, die Krähe machte der Tütensuppe Platz, und statt im Kessel brutzelt es nun in der Mikrowelle. Mit den Mächten der Finsternis steht eine moderne Hexe nicht im Bunde, dafür hat sie einen Pakt mit diversen Bring- und

Lieferdiensten geschlossen. Und sollte sie einmal um Mitternacht das Haus verlassen, so nimmt sie garantiert nicht Kurs auf einen Hexensabbat, sondern eilt zur nächsten 24-Stunden-Tankstelle mit reichhaltigem Lebensmittelangebot. Für eine moderne Hexe gilt in der Küche nur ein Grundprinzip: schnell, billig – aber gut!

Grundsätzliches

Bei uns Hexen von heute werden Sie vergeblich nach einem dicken, in Leder gebundenen Buch mit den Gesetzen der Magie suchen. Wir halten uns nicht an Regeln, und wenn doch, dann stellen wir sie selbst auf (allerdings können wir sie ebenso schnell, wie wir sie aufgestellt haben, auch wieder umwerfen).
Eine nicht repräsentative Umfrage unter allen uns bekannten Hexen ergab jedoch einige erstaunliche Übereinstimmungen, wenn es um das Thema »Küche« ging. Wir haben sie für Sie auf den folgenden Seiten zusammengefasst.

Die Zehn Gebote für jede moderne Hexe

1. Schleppen Sie niemals Einkaufstüten und Getränkekisten, denn dafür gibt es
   a) den Deppen, mit dem Sie zusammen wohnen
   b) gute Super- und Getränkemärkte mit Lieferdienst.
2. Werfen Sie niemals Flyer von Pizza-, China- oder Fastfood-Taxis weg, sondern bewahren Sie sie an einem sicheren Ort auf (allerdings nicht an der Pinn-

wand über dem Telefon oder an der Kühlschranktür. Eine echte Hexe lässt sich nicht in die Karten gucken!).

3. Suchen Sie sich Ihre Freunde nicht nach dem Geld aus. Das wäre charakterlos – und dämlich. Viel nützlicher ist es, mit dem schnuckeligen Kellner von dem In-Mexikaner um die Ecke befreundet zu sein. Was könnte vor Ihren Freundinnen besser wirken, als wenn Ihnen Miguel mit verschwörerischer Miene mindestens drei köstliche Vorspeisen zusätzlich auftischt, von denen sich selbstredend keine einzige auf der Rechnung wiederfindet?
4. Machen Sie niemals und unter keinen Umständen den Abwasch! So etwas passt einfach *nicht* zum Image einer modernen Hexe! Wenn Sie keine Geschirrspülmaschine haben, benutzen Sie Pappteller und Einweggeschirr. Kochen Sie für Gäste, dann erzählen Sie ihnen schon vor dem Essen, dass Sie an einer Spülmittelallergie oder Neurodermitis leiden. Nur herzlose Menschen (die natürlich sofort aus Ihrem Bekanntenkreis zu verbannen sind) werden es dann zulassen, dass Sie sich auf das dreckige Geschirr stürzen.
5. Wenn die Finanzlage mal nicht so rosig ist, sollte dies kein Grund zum Verzweifeln sein. Allerdings dürfen Sie eins nicht vergessen: Bei Lebensmitteln

können Sie zur Not sparen. Da kann es ruhig das Toastbrot von *Aldi* oder der Gouda von *Penny* sein. Bei Getränken allerdings sollte eine moderne Hexe niemals auf das Geld sehen – da halten Sie es bitte mit unserem Leitspruch: *Life's too short to have bad drinks!*

6. Dasselbe gilt auch für Accessoires. Kein Mensch merkt, dass die Scampis aus der Tiefkühltruhe des Discounters um die Ecke sind und es sich bei dem Kaviar um das beliebte Forellenimitat handelt, wenn er zuvor an einer liebevoll beziehungsweise exquisit gedeckten Tafel Platz genommen hat. Hier lohnt sich im Übrigen die Anschaffung von versilbertem Besteck – braucht ja nur 'ne Minimalauflage zu haben und kann ruhig vom Flohmarkt stammen (»Ein Erbstück meiner Großmutter, ich hänge sehr daran!«).
7. Für Dates gilt grundsätzlich – je beschissener Ihr Essen, desto tiefer Ihr Dekolleté.
8. Sind Sie irgendwo zum Essen eingeladen und es schmeckt Ihnen überhaupt nicht, widerstehen Sie in jedem Fall der Versuchung, den/die Gastgeber/in trotzdem für das vorzügliche Mahl zu loben. Sonst könnte nämlich Folgendes passieren: Entweder Sie bekommen in Zukunft bei jedem Besuch das gleiche, ungenießbare Zeug vorgesetzt,

oder Ihr Liebster notiert sich begeistert das Rezept, um Sie am nächsten Wochenende damit zu überraschen.

9. Je simpler das Gericht, desto komplizierter muss der Name sein, den Sie sich dafür ausdenken.
10. Heiraten Sie reich und lassen Sie sofort eine Köchin einstellen!

Na gut, bis Sie das zehnte Gebot in die Tat umgesetzt haben, müssen Sie wohl oder übel noch eine Weile selbst den Kochlöffel schwingen. (Es sei denn, Sie sind schon von Hause aus so wohlhabend, dass Sie sowieso immer nur auswärts essen gehen. In diesem Fall fragen wir uns allerdings, wie Sie an dieses Buch hier kommen? Da es eher unwahrscheinlich ist, dass Sie es sich selbst gekauft haben, sollten Sie sich die Frage stellen, was der Schenker Ihnen damit sagen will ...) Fangen wir also mit ein paar Dingen an, die Sie unbedingt in Ihrer Hexenküche haben sollten.

Die Grundausstattung für die moderne Hexenküche

1. Mikrowelle
2. Tiefkühltruhe (mindestens 50 l Fassungsvermögen)
3. Tupperdosen in allen Größen. (Zu jedem Besuch bei Muttern möglichst viele leere Dosen mitbringen und anschließend gefüllt wieder mit nach Hause nehmen.)
4. Wasserkocher
5. Mindestens zwei Korkenzieher und zwei Flaschenöffner. (Einer geht im entscheidenden Augenblick *immer* kaputt!)
6. Dosenöffner
7. Geschirrspülmaschine. (Schon klar, viele halten das für puren Luxus. Für uns moderne Hexen aber ist Luxus gerade gut genug!)

Soweit zu den Haushaltswaren und -geräten, die (neben Tellern, Besteck und Gläsern) auf alle Fälle in Ihrer Küche zu finden sein sollten. Aber auch ein paar Lebensmittel sollten Sie immer *(immer!)* im Haus haben. Aus diesem unverzichtbaren Notvorrat lassen sich nämlich auch nach einer vierwöchigen Schneekatastrophe oder der Pfändung Ihres letzten Gehaltsschecks noch genießbare Gerichte auf den Tisch zaubern. Wenn Sie sich an die folgende Liste halten, kann eigentlich nichts mehr schief gehen.

Absoluter Survival-Notvorrat für die moderne Hexe

Gewürze und Ähnliches

Salz
Pfeffer (schwarz und grün)
Zucker
Kräuter der Provence
Grillhähnchengewürzmischung
Paprikapulver (süß und scharf)
Curry
Muskatnuss (eine kleine Reibe sollte frau schon im Haus haben)
Senf
Ketchup
Mayonnaise
Knoblauch
Zwiebeln
Zitronensaft

Süßes

Schokoflocken (wir empfehlen »zartbitter«)
Nutella (ach, Boris …)

Sprühsahne (zugegeben, das ist was für die ganz Harten)
Honigsmacks (damit steigen auch die Chancen, einen Atomschlag zu überleben, vor allem in der Kombination mit Nutella)

Konserviertes

Tomatenmark aus der Tube
Tomato al Gusto Champignon
Geschälte Tomaten in der Dose (also, von Tomaten kann frau eigentlich nie genug im Haus haben)
Eingeschweißter Schinkenspeck
Eingeschweißter Käse
Thunfisch in der Dose
Pesto (wichtig, denn damit kann eine Hexe fast alles retten, würzen, strecken – außer vielleicht die Honigsmacks …)
H-Milch
H-Sahne
Ananas in der Dose
Möhren in der Dose
Mexiko-Mischung in der Dose

Je nachdem, wie viel Platz in Ihrer Küche ist, sollten Sie so viele Dosen bunkern wie möglich!

Alkoholisches

Sherry (*medium* und *dry*)
Rotwein

- Weißwein
- Prosecco
- Cognac
- Rum

Sonstiges

- Spaghetti
- Öl/Olivenöl
- Parmesan (der hält gut eingepackt im Kühlschrank wirklich ewig)
- Eier
- Blätterteig (tiefgefroren)
- Toastbrot (das lässt sich prima einfrieren und scheibenweise entnehmen)
- Mozzarella (der hält sich im Kühlschrank etwa zwei Wochen)
- Diverse Tütensuppen
- (Taco-)Chips
- Haferflocken
- Kornflakes

Außerdem sollte jede moderne Hexe eine Badewanne haben. Warum das? Sie erfahren es im vorletzten Kapitel …

Ebbe im Kühlschrank

Sonntagnacht. Sie kommen von Ihrem dreiwöchigen Urlaub auf Mauritius wieder nach Hause (na ja, vielleicht waren Sie aus Budgetgründen ja auch nur Zelten in Holland, aber das würden Sie als moderne Hexe natürlich nie im Leben freiwillig zugeben!) – und aus dem Kühlschrank lächelt Ihnen einzig und allein eine leere Tube Senf entgegen. Bei den Nachbarn können Sie jetzt nicht mehr klingeln (Spießer), und Ihre Mutter wohnt etwa 800 Kilometer von Ihnen entfernt (was eigentlich auch gut so ist). Gott sei Dank haben Sie ja noch Ihren Notvorrat aus dem vorigen Kapitel! Kombiniert mit ein paar kulinarischen Extras aus der 24-Stunden-Tanke um die Ecke lassen sich damit wahre Hexenwunder vollbringen.

Wunderbare Welt der Tiefkühlkost

Geschnetzeltes in Sherrysauce (2 Personen)

2 Zwiebeln (Notvorrat)

1 Packung Bœuf Stroganoff (tiefgefroren, 250 g)

Ein guter Schuss Sherry (*medium,* Notvorrat)

100 ml süße Sahne

1 Messerspitze Zucker (Notvorrat)

Grüner Pfeffer (Notvorrat)

Salz (Notvorrat)

Als Erstes die Zwiebeln schälen und würfeln. Für empfindliche Hexen empfiehlt sich hierbei eine Skibrille. Die Zwiebeln mit etwas Öl in einer Pfanne glasig braten, dann das Bœuf Stroganoff hinzugeben. Zusammen mit dem Sherry etwa 10 Minuten aufkochen. Anschließend die Sahne unterrühren und das Ganze mit den Gewürzen abschmecken. Dazu passen Basmati-Reis, Rösti, Kroketten oder Spätzle.

♥ **Hexentipp:** Mit ein paar gewürfelten Gewürzgurken schmeckt das Bœuf Stroganoff wie gerade selbst gezaubert.

Calzone Hawaii

1 Pizza Margherita (tiefgefroren)

1 Dose Ananas (Notvorrat)

1 Packung gekochter Schinken

1 Packung Mozzarella (bei großen Tankstellen finden Sie ihn im Kühlregal)

Die Pizza auftauen (ca. 30 Minuten), den Backofen auf 225 °C vorheizen. Zwei Scheiben gekochten Schinken in dünne Streifen schneiden (den Rest der Packung gibt's am nächsten Tag zum Frühstück). Dann den Mozzarella hobeln. Die Ananas über einem Sieb gut abtropfen lassen (den Saft nicht wegschütten – den können Sie noch gut für die »Walpurgisnächte« im vorletzten Kapitel verwenden. Aber bitte nicht mehr, nachdem er drei Monate im Kühlschrank gestanden hat!) und in Stücke schneiden. Schinken, Mozzarella und Ananasstücke gleichmäßig auf einer Pizzahälfte verteilen. Anschließend die Pizza zusammenklappen und die Ränder fest zusammendrücken. Jetzt ab in den Ofen! Nach 15 Minuten heißt es *Viva Italia*!

♥ **Hexentipp:** Die Calzone von außen mit Öl bestreichen, dann schmeckt sie wie selbst gemacht.

Maultaschen Italiano

1 Packung Maultaschen (tiefgefroren)
4 Esslöffel Pesto (Notvorrat)
1 Esslöffel Olivenöl (Notvorrat)
1 Stück Parmesan (ca. 50 g, Notvorrat)
1 Knoblauchzehe (Notvorrat)

Die Maultaschen 10 Minuten in der Mikrowelle (ohne Mikrowelle dauert es ungefähr eine Stunde) auftauen lassen. Danach in gleichmäßige Streifen schneiden. Die Maultaschenstreifen in der Pfanne von beiden Seiten kurz anbraten. Das Pesto zusammen mit dem Olivenöl und der ausgedrückten Knoblauchzehe in einem Topf erhitzen. Die Maultaschen auf einem Teller anrichten, das Pesto gleichmäßig darauf verteilen. Dann den Parmesankäse in groben Spänen darüber hobeln. *Buon appetito!*

♥ **Hexentipp:** Statt die Maultaschen zu braten, können Sie sie auch im Stück in Salzwasser kochen.

Manches Famose kommt aus der Dose

Hähnchenschenkel in Spargelsauce

1 Dose Spargelcremesuppe
2 Hähnchenschenkel (tiefgefroren)
1 Knoblauchzehe (Notvorrat)
1 Schuss Sherry (*medium* oder *dry*, Notvorrat)
Salz, Pfeffer (Notvorrat)

Die Hähnchenschenkel auftauen lassen, salzen und pfeffern. In einer Pfanne von beiden Seiten kurz scharf anbraten. Aus der Pfanne herausnehmen und in Alufolie einwickeln (so bleiben die Schenkelchen schön warm). Den Bratensatz in der Pfanne mit Sherry ablöschen, die Spargelcremesuppe hinzugeben und das

Ganze einmal kurz aufkochen. Dann die Hähnchenschenkel dazugeben und bei geschlossener Pfanne zirka 20 Minuten in der Spargelsauce köcheln lassen. Dazu schmeckt am besten eine schöne Reismischung.

♥ **Hexentipp:** Ein Löffel Crème fraîche oder Crème double gibt dem Ganzen einen Hauch Raffinesse.

Ragout fin

1 Dose Ragout fin
1 Spritzer Zitronensaft
2 Blätterteigpasteten (gibt's als Fertigprodukt)
Mandelblättchen (schmeckt aber auch ohne!)
100 ml süße Sahne

Den Backofen auf 200 °C vorheizen. Die Mandelblättchen (wenn vorhanden) in einer Pfanne goldbraun anrösten. Das Ragout fin in einem Topf erhitzen. Die Sahne (und eben eventuell die Mandelblättchen) und den Spritzer Zitronensaft hinzufügen. Die Pasteten für 10 Minuten im Ofen aufbacken. Auf vorgewärmtem Teller die Pasteten mit dem Ragout fin auffüllen und mit einem schönen Glas Weißwein genießen.

♥ **Hexentipp:** Exotisch wird dieses Gericht durch gewürfelten Pfirsich aus der Dose und einen Hauch Curry.

Ratatouille St. Petersburg

1 Dose Möhren (Notvorrat)
2 Esslöffel Tomatenmark (Notvorrat)
1 Dose geschälte Tomaten (Notvorrat)
2 Dosen Mexiko-Mischung (Notvorrat)
2 Zwiebeln (Notvorrat)
2 Knoblauchzehen (Notvorrat)
1 Esslöffel Pesto (Notvorrat)
1 Esslöffel Olivenöl (Notvorrat)
Salz, Pfeffer (Notvorrat)

Zunächst die Zwiebeln und die Knoblauchzehen schälen und klein hacken. Die geschälten Tomaten mit einem Stabmixer pürieren. Dann die anderen Gemüse in einem Sieb gut abtropfen lassen. Knoblauch und Zwiebeln in einer Pfanne glasig braten. Mexiko-Mischung, Tomatensauce, Möhren, Tomatenmark und Pesto hinzufügen. Das Ganze 25 Minuten köcheln lassen. Mit dem Olivenöl und den Gewürzen abschmecken. Dazu passen Reis oder Nudeln.

♥ **Hexentipp:** Das Ratatouille im Zweifelsfall lieber etwas länger brutzeln lassen.

Thunfisch auf dem Trockenen

2 Dosen eingelegter Thunfisch (Notvorrat; in Wasser, nicht in Öl!)
1 Becher Naturjoghurt
Weißbrot oder Toastbrot (Notvorrat)
Zitronensaft (Notvorrat)
Pfeffer (Notvorrat)
Salz (Notvorrat)

Diese kleine, leckere Schweinerei ist genau das Richtige für einen verregneten Sonntagnachmittag, an dem man einfach nur dick und faul vor dem Fernseher rumlungern und alte Hollywood-Schinken gucken will. Und: Kaum ein Gericht ist so fix gemacht wie diese Thunfischpaste, die auf Weißbrot einfach zum Reinsetzen schmeckt!
Den Thunfisch zusammen mit dem Joghurt pürieren, anschließend mit Zitronensaft, Pfeffer und Salz gut würzen und auf eine Scheibe Weißbrot (je nach Geschmack getoastet oder ungetoastet) streichen – fertig ist der Fernseh-Snack!

♥**Hexentipp:** Mit ein bisschen Paprika bekommt der Aufstrich eine feurige Note.

Carpaccio Viennese mit Insalata Patata

1 Dose Wiener Würstchen

1 Packung Kartoffelsalat

Senf

Mit wenigen Handgriffen steuern Sie hiermit einem neuen kulinarischen Höhepunkt entgegen: Dose auf, Würstchen raus, Messer her, Würstchen in hauchdünne Scheiben schneiden und dann für 30 Sekunden in die Mikrowelle. Liebevoll den Kartoffelsalat aus der Packung nehmen und neben dem Würstchen-Carpaccio auf einem Teller anrichten. Einen Tupfer Senf dazu – fertig! Während Sie dieses tolle Mahl genießen, werden Sie sich unweigerlich fragen, weshalb Paul Bocuse noch nicht bei Ihnen angerufen hat, um sich ein paar Tipps zu holen. Hierfür gibt es wohl nur eine Erklärung: der blanke Neid!

♥ **Hexentipp:** Gehen Sie zu einem guten Italiener Ihrer Wahl …

Schlemmeraprikosen mit Schokoflocken

1 Dose Aprikosen (halbiert, Notvorrat)

Sprühsahne (Notvorrat)

Schokoflocken (zartbitter, Notvorrat)

Unsere Antwort auf die Sachertorte: Schlemmeraprikosen! Wenn Sie nachts um drei die zwanghafte Gier nach etwas Süßem packt, gibt's nur eine Möglichkeit: ab zu Aral oder BP und eine Dose Aprikosen gegriffen (es sei denn, sie haben diese Gelüste häufiger: Dann nehmen Sie eine Dose Aprikosen geschwind in Ihren persönlichen Notvorrat auf!). Wieder zu Hause, füllen Sie die kleinen Süßen in ein Schälchen und streuen die Schokoflocken aus Ihrem Notvorrat darüber. Jetzt gießen Sie etwas von dem in der Dose verbliebenen Fruchtsirup dazu und, wenn Sie schwanger sind oder es Ihnen auch sonst vor nichts graut, garnieren Sie das Ganze mit einem kräftigen Schuss Sprühsahne.

♥ **Hexentipp:** Nach dem Genuss dieser Speise sollten Sie einen großen Bogen um unser letztes Kapitel zum Thema »Kalorien« machen …

Trockenfutter und Konsorten

Chips & Dips

1 Tüte Zwiebelsuppe (Notvorrat)
1 Tüte (Taco-)Chips oder Nachos (Notvorrat)
2 Becher Schmand oder Crème fraîche

Den Schmand beziehungsweise die Crème fraîche in eine Schüssel füllen, die Zwiebelsuppe (ohne Wasser!) dazugeben und dann gut durchrühren. Lassen Sie die Mischung eine halbe Stunde lang stehen, damit die getrockneten Zwiebelstückchen etwas weicher werden, und rühren Sie das Ganze anschließend noch einmal durch. Zusammen mit den Chips servieren. So einfach ist es, auch noch nachts um zwei einen auf patente Gastgeberin zu machen – vor allem, weil man dieses Rezept zur Not auch noch im volltrunkenen Zustand problemlos auf die Reihe kriegt …

♥ **Hexentipp:** Falls vorhanden, können Sie als zusätzliche »Dipper« zu den Chips natürlich auch noch Möhren- und Selleriestangen reichen. Wem das zu gesund ist, der kriegt passend zu den Chips ein Glas Tequila.

Zwiebelsuppe mit Hütchen

2 Tüten Zwiebelsuppe (Notvorrat)
4 Scheiben Toastbrot (Notvorrat)
200 Gramm geriebener Käse (Notvorrat)

Sie ahnen es schon: Unser Lieblingstrockenfutter ist die Zwiebelsuppe aus der Tüte! Aber das ist auch nur logisch – erspart einem die Mutter aller Convenience-Produkte doch das lästige Schnippeln unter Tränen (der

reinste Make-up-Killer!) –, und mit ein paar Handgriffen wird auch hier wieder aus dem lieblosen Schnellgericht ein Highlight der gutbürgerlichen Küche!
Das Zwiebelsuppenpulver nach Tütenanleitung mit Wasser im Topf erhitzen, eventuell mit etwas Sherry (Notvorrat!) abschmecken. Die Suppe in vier feuerfeste Tassen füllen. Brot toasten und auf die Suppe legen, danach den geriebenen Käse darauf verteilen (gern großzügig). Die Tassen im vorgeheizten Ofen unter dem Grill überbacken. Achtung: *Heiß!* Beim Servieren die Topflappen nicht vergessen.

♥ **Hexentipp:** Zu diesem kulinarischen Höhepunkt passt natürlich ein schöner, kalter Riesling – oder ein leckeres Pils. Prost!

Schoko-Igel pervers

200 Gramm Haferflocken (Notvorrat)
5 Esslöffel Kakaopulver
100 Gramm Zucker (Notvorrat)
1 Päckchen Butter

Der Alternativname für diese Leckerei könnte lauten: »*Wie man es schafft, mit nur zwei Pralinen um die 10 000 Kalorien zu sich zu nehmen.*« Es handelt sich dabei um ein Rezept aus unseren Kindertagen (Sie wissen schon – im pittoresken Büttgen ...). Und obwohl Haferflocken an sich ja eine staubtrockene Angelegenheit sind, die man als Kind zu Recht völlig ablehnt, werden sie in dieser Ausführung unwiderstehlich. Geradezu süchtig machend.

Also: Eine Stunde bevor Sie richtig loslegen wollen, die Butter aus dem Kühlschrank nehmen und weich werden lassen. Die Butter dann in Scheiben schneiden und in einer Schüssel zusammen mit dem Zucker schaumig rühren. Als Nächstes das Kakaopulver in die Masse rühren und – *finally* – die Haferflocken unterheben. Aus der so entstandenen Mischung mit einem Löffel auf einem Teller kleine Häufchen formen. Den Teller für 2 Stunden ins Eisfach stellen, um aus der weichen Masse leckere Schoko-Igel werden zu lassen.

♥ **Hexentipp:** Deponieren Sie den Teller mit den fertigen Igeln am besten im Kühlschrank Ihres Nachbarn – so müssen Sie für jeden Igel klingeln und vermeiden, dass Sie alle auf einmal in sich hineinschlingen und an einem Kakaobutter-Schock sterben.

Liebe geht durch den Magen

Sie haben also diesen tollen Typen kennen gelernt und ihn zu sich nach Hause zum Essen eingeladen? Offensichtlich sind Sie wirklich verliebt – andernfalls hätten Sie ihn als echte Hexe ungefähr fünf- bis zehnmal in ein Restaurant mit mindestens zwanzig Gault-Millau-Punkten geschleift und ihn in dem Moment, wenn seine Kreditkarte vom Oberkellner eingezogen und in der Mitte durchgeschnitten wird, mit den Worten »Lassen Sie mich, ich kenne Sie nicht!« stehen lassen. Aber nun gut, es hat Sie tatsächlich erwischt, so was kann der besten Hexe passieren. Jetzt kommt es natürlich darauf an, dass Sie ihm ein *menue d'amour* servieren. Also sozusagen etwas, das ihm im wahrsten Sinne des Wortes die Schuhe auszieht (und wenn's geht auch noch den Rest ...).

Traditionelle Hexen bauen dabei seit Jahrtausenden auf geheimnisvolle Aphrodisiaka, die den Auserwählten angeblich bis ans Ende seiner Tage willenlos machen sollen: Da werden Fingernägel in die Suppe geraspelt, verbrannte Haare unter den Nachtisch gemixt oder auch mal ein paar Regenwürmer aus dem heimischen Garten im Nudelgericht versteckt. Kann frau sicher alles ausprobieren, aber im Zweifelsfall bedankt

sich der Liebste eher mit einer Anzeige wegen Körperverletzung als mit heißen Liebesschwüren.
Dann gibt es auch noch »Kolleginnen«, die Ihnen dazu raten, im Garten bei Neumond ein bisschen Basilikum zu verbuddeln und dabei in Gedanken an ihn sanfte Liedchen zu trällern. Lassen Sie es! Damit handeln Sie sich höchstens Ärger wegen nächtlicher Ruhestörung ein! Für das Basilikum finden Sie bestimmt eine bessere Verwendung (zusammen mit Tomaten und Mozzarella kann frau damit vielleicht nicht den Mann ihrer Träume auf ewig an sich binden – aber immerhin ergeben diese Zutaten eine akzeptable Mahlzeit).
Eine moderne Hexe weiß, wie sie einen Mann lebenslang um den Finger wickelt: indem sie in Aussicht stellt, ihm jeden Abend eine köstliche Mahlzeit zu servieren. Keine Sorge, natürlich geben wir Ihnen hier nicht den Tipp, zum fleißigen Küchenlieschen zu mutieren. Haben Sie den Mann Ihrer Träume erst einmal am Haken, können Sie augenblicklich Kochlöffel und Bratpfanne fallen lassen und es sich wieder auf dem Sofa bequem machen.
Jetzt aber erst einmal zu den Rezepten, die jeden Mann schwach machen. Sie stammen – wie könnte es anders sein – aus dem Land der Liebe: *La France!* »So mansche fronzösiesche 'exe iest damiet schon zu die Ziel gekomän.« *Et voilá!*

First Love

Mit der Liebe ist es wie mit dem Essen: Da wird nicht gleich mit der Tür ins Haus gefallen und eine opulente Hauptspeise serviert – zuerst sollte der Gaumen mit einer leckeren Vorspeise gekitzelt und die Lust auf mehr geweckt werden. Wenn Sie das Objekt Ihrer Begierde langsam und behutsam einwickeln, merkt es auch nicht so schnell, was Sie eigentlich im Schilde führen: Es (oder besser: *ihn*) mit Haut und Haaren zu vernaschen! Mit diesen kleinen, aber feinen Gerichten locken Sie ihn mit Sicherheit in die Falle (in welche auch immer …).

Champignons à la provençale

500 Gramm kleine Champignons
4 Esslöffel Olivenöl
2 Knoblauchzehen
1 Lorbeerblatt
Salz, Pfeffer
Kräuter der Provence

Die Champignons putzen und waschen, anschließend gut abtropfen lassen. Die Knoblauchzehen schälen und in dünne Scheiben schneiden. Das Olivenöl in einer Pfanne erwärmen (nicht zu heiß werden lassen). Die

Knoblauchscheiben darin andünsten, aber nicht braun werden lassen. Dann das Lorbeerblatt und die Champignons hinzugeben, mit Salz, Pfeffer und Kräutern würzen. Das Ganze 10 bis 15 Minuten lang bei mittlerer Hitze in zugedeckter Pfanne brutzeln lassen. Abschmecken, nach Bedarf noch einmal nachwürzen und abkühlen lassen. Dann auf einem Teller nett anrichten (beispielsweise auf einem Salatblatt).
Eine leckere Variante: Geschälte Tomaten aus der Dose mit einem Stabmixer pürieren und zusammen mit den Champignons in die Pfanne geben.

♥ **Hexentipp:** Diese Vorspeise lässt sich gut im Voraus kochen, denn Sie können sie bis zu zwei Tage lang im Kühlschrank aufbewahren.

Consommé mit Blätterteighaube

1 Consommé (gibt's in der Dose, als Fond im Glas oder als Brühwürfel)
1 Scheibe Blätterteig (tiefgefroren)
1 Eigelb

Für dieses Gericht brauchen Sie zwei backofenfeste Suppentassen. Ist der Blätterteig einigermaßen aufgetaut, stechen Sie mit den umgekehrten Tassen zwei Blätterteigdeckel aus. Die bereits vorher in einem Topf erhitzte Consommé in die Tassen füllen, die Blätterteigdeckel auf die Tassen geben und am Rand fest andrücken. Mit dem Eigelb bestreichen und für 10 Minuten in den auf 180 °C vorgeheizten Backofen stellen. Schöne Variationen können Sie mit verschiedenen Einlagen zaubern: Streichholzfein geschnittene Möhren, Zucchini oder Kohlrabi hinzufügen, die Streifen kurz in der heißen Suppe garen lassen, dann die Blätterteighaube aufsetzen – fertig ist die *Consommé à la julienne.* Raffiniert und »ehrlich selbst gemacht« sind auch folgende Bratklößchen: Einfach eine grobe Bratwurst kaufen, deren Füllung klößchenweise in die schon heiße Brühe drücken, 5 Minuten ziehen lassen und die Blätterteighaube aufsetzen.

♥ **Hexentipp:** Mit diesem simplen Gericht kann eine moderne Hexe mächtig Eindruck schinden, denn durch die Blätterteighaube wirkt selbst eine einfache klare Brühe wie eine Delikatesse. Eine echte *pôtage d'amour* zaubern Sie, wenn Sie Ihre und die Initialen Ihres Liebsten ebenfalls aus Blätterteig ausschneiden und sie mit Eigelb auf die Blätterteighauben kleben (natürlich, bevor Sie die Suppentassen in den Ofen stellen!).

Eternal Flame

Wenn der Auserwählte nach der Vorspeise nun schon fast wie Butter in der Sonne dahingeschmolzen ist, kommt es nun darauf an, mit lodernder Flamme kräftig nachzuheizen. Schließlich soll er ja nicht glauben, Sie hätten ihre gesamte Munition schon, nun ja, verpulvert. Die nachfolgenden Gerichte haben Männer nachgewiesenermaßen schon dazu gebracht, weinend auf die Knie zu sinken und – beim Namen ihrer Mutter – ewige Liebe zu schwören.

Coq au vin à la maison

4 Hähnchenschenkel
6 große Kartoffeln (vorwiegend festkochend)
250 ml Rotwein
1 Schuss Cognac
1 Becher Crème fraîche mit Kräutern
2 Knoblauchzehen
1 Lorbeerblatt
Butterflocken
Grillhähnchengewürzmischung
Salz, Pfeffer, Kräuter der Provence

Zuerst den Backofen auf 200 °C vorheizen. Die Hähnchenschenkel waschen und trocken tupfen, von beiden

Seiten großzügig mit Grillhähnchenwürze einreiben und in einer Pfanne bei hoher Hitze beidseitig kurz anbraten. Die Kartoffeln schälen und in mittelgroße Würfel schneiden. Die Crème fraîche mit Rotwein und Cognac verrühren und mit Salz, Pfeffer und Kräutern der Provence abschmecken. Dann die Knoblauchzehen hineindrücken und das Lorbeerblatt dazugeben. Diese Sauce kann ruhig kräftig gewürzt sein, weil die Kartoffeln später einen Großteil des Aromas in sich aufnehmen. Die Kartoffeln in eine große feuerfeste Form geben, die Hähnchenschenkel darauf legen und alles mit der Sauce übergießen. Zum Schluss die Butterflocken auf die Hähnchenschenkel geben. Die Form mit Alufolie abdecken und 45 Minuten in den Ofen stellen. Die letzten 5 Minuten die Folie entfernen und den Grill einschalten. So werden die Hähnchenschenkel schön knusprig. Zum Essen sollten Sie den gleichen Rotwein trinken, den Sie auch für das *Coq au vin* verwendet haben (am besten passt ein kräftiger Rioja oder Bordeaux).

♥ **Hexentipp:** Dieses Gericht eignet sich hervorragend für aufwendiges Styling in letzter Minute: Während das *Coq au vin* eine Dreiviertelstunde lang im Ofen schmurgelt, bleibt Ihnen genug Zeit, aus sich selbst ein »heißes Gericht« zu machen.

Schlemmerfilet à la bordelaise auf Spinatbett

1 Packung *Schlemmerfilet bordelaise* (tiefgefroren)
1 Packung Blattspinat (tiefgefroren)
1 kleine Zwiebel
1 Knoblauchzehe
1 Teelöffel Butter
50 ml Milch
Salz, Pfeffer, 1 Muskatnuss

Den Backofen auf 220 °C vorheizen. Das Schlemmerfilet und den Spinat auftauen lassen. Die Zwiebel und den Knoblauch schälen und klein hacken. In einer Pfanne Butter erhitzen, Zwiebel und Knoblauch kurz darin anbraten. Dann den Spinat und die Milch dazugeben, das Ganze zugedeckt 5 Minuten dünsten. Anschließend mit Salz und Pfeffer würzen, nach Belieben Muskatnuss darüber reiben. Eine Auflaufform einfetten und die Spinatmasse gleichmäßig darin verteilen. Das Schlemmerfilet auf das Spinatbett geben und die Auflaufform für 20 Minuten in den Ofen stellen.

♥ **Hexentipp:** Bei diesem Schlemmergericht können Sie sich als große Weinexpertin ausgeben. Bestens passt hier eine gut gekühlte Flasche Weißwein, beispielsweise ein trockener Riesling Kabinett von der Mosel beziehungsweise aus dem Rheingau (Kostenpunkt: in der Regel um zehn Mark).

Sweet Surrender

Zwei Gänge haben Sie jetzt mit Bravour hinter sich gebracht, der Süße ist Ihnen also schon fast verfallen. Fast? Wieso nur fast? Ganz einfach – weil die allermeisten Männer Naschkatzen sind. Um den Sack endgültig zuzumachen, muss jetzt ein geniales Dessert her …

Crème brûlée

1 Vanilleschote
250 ml süße Sahne
2 Eier
20 Gramm Puderzucker
20 Gramm Zucker

Diese Schleckerei nimmt zwar etwas mehr Vorbereitungszeit in Anspruch, aber die Mühe lohnt sich! Am besten, Sie bereiten sie schon am Tag vor Ihrem Date zu.

Den Backofen auf 200 °C vorheizen. Die Vanilleschoten aufschneiden und das Mark herauskratzen, die Schote und das Mark zusammen mit der Sahne in einem Topf zum Kochen bringen. Die Eier mit dem Puderzucker verrühren, dann die heiße Vanillesahne nach und nach darunter rühren. Diese Masse in zwei feuerfeste Förmchen füllen, etwas Wasser in die Fettpfanne des Ofens (Achtung: Damit meinen wir ein tiefes Backblech!) geben und die Förmchen hineinstellen. Nun muss die *Crème brûlée* 90 Minuten lang im Ofen garen. Anschließend kurz aus dem Ofen nehmen und den Zucker über die *Crème* verteilen. Jetzt etwa 5 Minuten lang unter den Grill stellen, bis der Zucker dunkelbraun karamellisiert ist. Zum Schluss die Förmchen mehrere Stunden, am besten über Nacht, in den Kühlschrank stellen. Vorsicht: Erst in den Kühlschrank stellen, wenn die Förmchen etwas ausgekühlt sind (wir übernehmen keine HAFTUNG). Eiskalt servieren.

♥ **Hexentipp:** Wenn Ihr Backofen keinen Grill haben sollte (was bedauerlich wäre), heizen Sie den Ofen auf 275 °C und schieben Sie die Förmchen für etwa 7 Minuten auf die oberste Einschubleiste.

Pommes à la bourgoise

2 große Äpfel (beispielsweise *Braeburn* oder *Jona Gold)*
1 Vanilleschote
125 ml Wasser
150 Gramm Zucker
2 Eigelb
15 Gramm Mehl
125 ml Milch
20 Gramm Krokant

10 Gramm Mandelstifte
1 Teelöffel Butter

Zuerst den Backofen auf 200 °C vorheizen. Die Äpfel waschen, trocknen und rund um das Gehäuse ausstechen. Eine Hälfte der Vanilleschote aufschlitzen, dann zusammen mit dem Wasser und 100 Gramm Zucker aufkochen, bis sich der Zucker vollständig aufgelöst hat. Die Äpfel in den Sirup geben und bei milder Hitze so lange ziehen lassen, bis sie gar sind (die Äpfel dürfen nicht zerfallen). Den restlichen Zucker und die Eigelbe mit dem Handrührer schaumig schlagen. Anschließend das Mehl hinzufügen und noch einmal mixen. Nun wird die andere Hälfte der Vanilleschote mit der Milch zusammen erhitzt. In die heiße Milch die Eigelbmasse geben und unter Rühren noch 1 Minute weiter köcheln lassen. Diese Creme in eine Auflaufform gießen. Die Äpfel zuerst mit Krokant füllen, dann in die Creme stellen. Jetzt die Mandelsplitter in Butter anrösten; sobald sie goldbraun sind, über die Äpfel streuen. Die Form für 10 Minuten in den Ofen stellen. Warm servieren.

♥ **Hexentipp:** Wenn Sie diese Leckerei mit Vanilleeis servieren, können Sie Ihrem Süßen heiß-kalte Schauer über den Rücken jagen! Ist er kein Eis-Fan, steht es Ihnen frei, stattdessen süße Sahne dazu zu reichen.

No Milk Today

Sollten Sie Ihrem Auserwählten zutrauen, dass er empfänglich für kleine Anspielungen ist (zugegeben, das ist bei Männern eher selten; den meisten muss frau schon mit dem Holzhammer zu Leibe rücken, ehe sie einen zarten Wink verstehen …), können Sie ihm auch symbolisch klarmachen, dass Sie beide quasi das Traumpaar schlechthin sind. Servieren Sie ihm dazu einen Cocktail – wir empfehlen einen leckeren Mix namens *Adam & Eve*. Geschnallt? Na dann: auf an den Cocktailshaker!

Adam & Eve (Liebesgehalt: 100%)

2 cl Gin
2 cl Drambuie
2 cl Amaretto
1 cl Zitronensaft
1 Spritzer Grenadine
Eiswürfel
1 Zitronenscheibe
1 Cocktailkirsche

Die flüssigen Zutaten zusammen mit ein paar Eiswürfeln in einem Cocktailshaker kräftig schütteln, dann das Ganze durch ein Sieb in eine Cocktailschale gießen und zum Schluss mit der Zitronenscheibe und der Cocktailkirsche garnieren – fertig ist das (hoffentlich sündige) Getränk. Und wenn Sie beide nach Genuss dieses Cocktails noch immer nicht aus dem Paradies verjagt worden sind, sollten Sie sich vielleicht nach einem neuen Traummann umsehen. Oder aber, Sie sollten etwas »schärfere« Geschosse auffahren.

Erotica (17% Alkohol)

2 cl Maracujalikör
2 cl Wodka
2 cl Ananassaft
6 cl Sekt
1–2 Spritzer Angostura
Eiswürfel
Ananasstücke
Cocktailkirschen

Die flüssigen Zutaten (außer den Sekt) zusammen mit ein paar Eiswürfeln in einem Cocktailshaker kräftig schütteln. Die Mischung dann durch ein Sieb in eine Sektschale abgießen und das Ganze mit eiskaltem, trockenem Sekt auffüllen. Auf einen Cocktailspieß abwechselnd Ananasstücke und Cocktailkirschen stecken und diesen über den Glasrand legen.

Wenn Sie diesen Drink servieren möchten, können Sie

geschickt ein paar verfängliche Wortspielereien einbringen. Zum Beispiel können Sie das Objekt Ihrer Begierde fragen, ob es (er!) etwas »Erotisches« möchte. Möglich, dass Sie dann gar nicht mehr dazu kommen, ihm den Drink zu servieren, weil Sie sich auf einmal schon in den Kissen wälzen. Aber das sollte nur in Ihrem Sinne sein …

Noch ein paar Worte zum Schluss: Requisiten wie Kerzenlicht, romantische Musik, guter Wein beziehungsweise unsere Cocktail-Empfehlung sollten bei einem *dinner for two* selbstverständlich sein. Allerdings ist es angebracht, dass Sie aufpassen, dass Ihr Opfer nicht zu tief ins Glas schaut – jedenfalls dann, wenn Sie mit ihm am späteren Abend noch etwas anfangen wollen! Und: Fast noch wichtiger als ein gelungenes Menü ist, dass Sie sich selbst möglichst verführerisch »anrichten«. Das beste Gericht findet nur wenig Anklang, wenn Sie es in Birkenstocks und Jogginghose servieren. Klingt vielleicht ein bisschen frauenfeindlich, ist aber wohl leider wahr (Männer konnten schon immer besser gucken als denken).

Schwiegermütter und andere Katastrophen

Mit zwei simplen Worten gelingt es dem Durchschnitts-Lebenspartner in der Regel hervorragend, seine Liebste in helle Panik zu versetzen. Es handelt sich dabei unserer Einschätzung nach aber nicht etwa um »Ich gehe!« oder »Haste zugenommen?« (Letzteres löst meist lediglich eine verschärfte Heißhungerattacke aus) – für die sofortige Verhängung des Ausnahmezustands sorgt vielmehr die freudige Ankündigung: »Mutter kommt!«

Na, Adrenalin pur?

Geistig sofort einen Putzplan aufgestellt?

Zum besten Fleischer der Stadt gestürzt?

Weiberabend abgesagt, stattdessen alle erotische Literatur aus dem Bücherregal entfernt und durch Reader's Digest und die Bibel ersetzt?

Ja?

Vergessen Sie es! Alles völlig falsch, weil: Bringt nichts, kostet nur Nerven, und Schwiegermama wird trotzdem abreisen und sich wieder in ihrer Ansicht bestätigt sehen, dass die liebreizende Ex für ihren Supersohn die bessere Wahl gewesen wäre. Eine wahre Hexe geht anders vor.

1. *Relax!* Nur entspannte Frauen können dieser Herausforderung wirklich souverän gegenübertreten.
2. Weiberabend absagen? Quatsch! Noch ein paar Freundinnen dazuladen, mit der Order, Schampus mitzubringen. Tarnen Sie das Ganze als »Literarischen Salon« und behaupten Sie, dass Sie normalerweise über die »Kunst der Fuge« und »Schönheit in der Exilliteratur vor 1944« sprechen. Die Mädels müssen allerdings vor dem Essen gehen (sonst wird es ein wenig unübersichtlich).
3. Es muss geputzt werden? Nehmen Sie ein gutes Stadtmagazin mit großem Kleinanzeigenteil zur Hand und durchforsten diese nach einer Anzeige mit folgendem Wortlaut: *Mann, 26, gut gebaut, zu allem bereit, putzt nackt! Chiffre* ... Das »kleine Taschengeld«, das in diesem Zusammenhang meistens verlangt wird, zahlt natürlich Ihr Mann – ist schließlich *seine* Wohnung!
4. Wenn wir schon mal bei dem Thema sind: Schicken Sie Ihren Macker einkaufen – schließlich ist es *seine* Mutter.
5. Ziehen Sie sich genüsslich auf Video die letzten zehn Folgen *Melrose Place* oder *Ally McBeal* rein. Danach sollten Sie sich durchtrieben und intrigant (»Das wirst du büßen, Michael Mancini!«) beziehungsweise entspannt genug (»Sie brauchen eine

Hymne!«) fühlen, um für die Begegnung der anderen Art gewappnet zu sein.

6. Empfangen Sie Mutti mit einem freudigen »Ich hab' gehört, du machst gerade Heilfasten? Na, ein bisschen was habe ich trotzdem vorbereitet.« Dann können Sie eigentlich auch ruhigen Gewissens Vollkornkräcker mit Speisequark servieren.

Sollte Ihre Schwiegermutter aber trotzdem auf einer warmen Mahlzeit bestehen, empfehlen wir die folgenden 3-Gänge-Menüs, die Sie garantiert auch dem größten Drachen als aufwendigste Kochkunst verkaufen können, ohne Stunden in der Küche verbracht zu haben.

Menü Nr. 1: Ente, Ente, Apfel

Der Clou bei diesem Menü liegt in der Zeitersparnis, die durch die clevere Kombination von Vorspeise und Hauptgericht erreicht wird – während Schwiegermutti noch über der Entenbrust schwelgt, schmurgeln die Entenkeulen bereits im Ofen, um zum Hauptgang schön kross serviert werden zu können. Weil der Ofen ja sowieso schon heiß ist, sind die Bratäpfel anschließend ein Kinderspiel.

Vorspeise: Glasierte Entenbrust im Waldorfbett

2 Entenbrustfilets
1 Becher Waldorfsalat (250 Gramm)
1 Esslöffel Honig
1 Teelöffel Grand Marnier (kann man als Flachmann kaufen, dann braucht man keine ganze Flasche)
100 Gramm Butter
Salz, Pfeffer

Hauptgang:
Entenkeule mit Rotkohl und Klößen

4 Entenkeulen
200 Gramm Butter
300 ml Rotwein
1 Esslöffel Balsamico-Essig
1 Glas Rotkohl
8 Backpflaumen
8 Kartoffelklöße (gibt's als Kochbeutel)
Salz, Pfeffer

Dessert:
Bratäpfel mit Marzipanfüllung

4 große Äpfel
100 Gramm Marzipan-Rohmasse
Mandelblättchen
Rosinen

Die Letzten werden die Ersten sein – nach diesem biblischen Motto bereiten Sie dieses leckere 3-Gänge-Menü zu. Lassen Sie sich vom Umfang des Rezepts nicht abschrecken; die Vorbereitungszeit dauert nicht länger als eine Dreiviertelstunde – und die komplizierten Sachen wie Waldorfsalat und Kartoffelklöße kaufen Sie in der Fertigversion!

Sie beginnen mit dem Dessert: Die Äpfel waschen, trocknen und rund ums Gehäuse ausstechen. Die Marzipan-Rohmasse mit Rosinen vermischen und die Äpfel damit füllen. Als »Stöpsel« jeweils oben und unten ein Mandelblättchen auf das Marzipan drücken. In eine feuerfeste Form etwas Wasser geben und die Äpfel hineinstellen. Jetzt können Sie sich dem ersten und zweiten Gang widmen. Auf die Äpfel kommen wir später zurück.

Von den Entenbrustfilets die unteren Hautlappen entfernen, ebenso anhängendes Fett und die Sehnen (einfacher geht's, wenn Sie die Filets beim Fleischereifachverkäufer Ihres Vertrauens kaufen und dieser sie schon bratfertig zurechtschneidet). Die Bruststücke und Keulen salzen und pfeffern. In einer Pfanne 50 Gramm Butter erhitzen (die Pfanne nicht zu heiß werden lassen, sonst verbrennt die Butter!) und die Entenbrust von beiden Seiten anbraten. Nach zirka 10 Minuten ist sie innen rosa, nach einer Viertelstunde wäre sie dann gut durchgebraten – das ist für dieses Rezept aber nicht wünschenswert. Die Brust in Alufolie wickeln und bei 100 °C im Backofen warm stellen.

Danach die Keulen in der Pfanne von beiden Seiten anbraten. Wenn sie goldbraun sind, aus der Pfanne nehmen und in eine feuerfeste Form geben. 50 Gramm Butter und 50 ml Rotwein dazugeben. Die Brust aus dem Ofen nehmen, den Backofen auf 200 °C hochschalten und die Keulen darin schmoren. Das Fett aus der benutzten Pfanne abgießen. Den verbliebenen Bratensatz mit 150 ml Rotwein und 100 ml Wasser ablöschen und bei hoher Hitze auf die Hälfte einkochen lassen. Mit dem Balsamico-Essig abschmecken. Die Hitze herunterschalten, 50 Gramm Butter unterrühren. Die Sauce durch ein Sieb in einen Topf geben und warm halten; sie ist für den Hauptgang gedacht.
50 Gramm Butter in der Pfanne erhitzen, Honig hinzufügen. Wenn die Butter-Honig-Masse karamellisiert (das heißt: einen leichten Braunton annimmt und Bläschen wirft) mit Grand Marnier ablöschen. Die Entenbrüste in dieser Masse wälzen.
Den Waldorfsalat in drei (oder vier, wenn Schwiegervater mitgekommen ist) Portionen teilen und auf Tellern anrichten. Dann die Entenbrüste in appetitliche Scheiben schneiden und auf dem Waldorfsalat anrichten. Die Teller mit Alufolie abdecken, damit Sie jetzt den zweiten Gang vorbereiten können, bevor Sie den ersten auftischen.
Für den zweiten Gang 50 Gramm Butter und den Rot-

kohl in einen Topf geben, umrühren, den restlichen Rotwein und die Backpflaumen hinzugeben. Das Ganze zugedeckt bei schwacher Hitze köcheln lassen. Dann die Kartoffelklöße nach Packungsanleitung zubereiten (dauert um die 20 Minuten).

Während Sie den ersten Gang vertilgen, brutzelt der zweite Gang in aller Seelenruhe in der Küche vor sich hin. Wenn Sie den zweiten Gang servieren, schalten Sie den Backofen auf 150 °C herunter und stellen Sie die Form mit den Bratäpfeln hinein. Wenn Sie mit den Keulen fertig sind, sind's die Äpfel auch.

Menü Nr. 2: Lachs, Roastbeef, Rote Grütze

Bei diesem Menü greifen wir noch einmal tief in die Trickkiste mit den so genannten »Convenience-Produkten«. Alle Zutaten für dieses Menü können Sie nämlich fertig kaufen. Selbst das Roastbeef gibt's vorgegart beim bereits erwähnten Fleischereifachverkäufer Ihrer Wahl. Also, nix wie ran an den Herd und fertig los!

Vorspeise: Graved Lachs auf Rösti mit Crème fraîche

1 Paket Graved Lachs (350 Gramm)
6 Esslöffel Crème fraîche
6 Rösti (tiefgefroren)
50 Gramm Feldsalat
1/2 Zitrone

Hauptgericht:
Roastbeef mit Pellkartoffeln und Remouladensauce

700 Gramm Roastbeef im Stück (gibt's vorgebraten beim Schlachter; den auch gleich fragen, wie lange das Fleisch zu Hause noch in den Ofen soll)
10 Kartoffeln (mittlere Größe)
1 Glas Remouladensauce

Dessert:
Rote Grütze

2 Gläser Rote Grütze
1 Becher süße Sahne

(Auch bei diesem Menü empfiehlt es sich, den Hauptgang zuerst vorzubereiten und das Roastbeef garen zu lassen, während Sie sich der Vorspeise zuwenden. Aber dies bleibt natürlich Ihnen überlassen!)
Fangen wir gemäß der zu servierenden Reihenfolge mit der Vorspeise an: Die Rösti auf mittlerer Hitze von beiden Seiten je 8 Minuten braten, bis sie goldbraun sind. Die Zitrone auspressen, den Saft unter die Crème fraîche rühren. Die Rösti auf drei Teller verteilen und den Lachs darauf anrichten. Die Crème fraîche entwe-

der direkt auf den Lachs geben oder neben den Rösti platzieren. Dann die Teller mit dem Feldsalat dekorieren (den Feldsalat vorher gut putzen, sonst knirscht es zwischen Schwiegermutters Dritten!).

Für das Hauptgericht die Kartoffeln gründlich waschen (am besten mit der Spülbürste abschrubben) und in einem Topf mit Wasser zum Kochen bringen. Zugedeckt 25 bis 30 Minuten garen lassen (Tipp: mit einer Gabel testen, ob die Kartoffeln innen weich sind). Das Wasser abgießen, die Kartoffeln im offenen Topf kurz abdämpfen. Während die Kartoffeln garen, das Roastbeef in den Backofen schieben (Garzeit und Temperatur richten sich nach den Angaben des Fleischereifachverkäufers). Die Remouladensauce in kleine Schälchen füllen (dann hat jeder beim Essen sein eigenes – und um die kleinen Porzellanschälchen, die Sie mittlerweile an jeder Straßenecke nachgeworfen bekommen, können Sie eine schöne Geschichte à la »Die hat meine Oma damals noch aus Ostpreußen mitgebracht!« stricken); mit ein bisschen Petersilie obendrauf können Sie sie sogar als selbst gemacht verkaufen. Vor den Augen Ihrer begeisterten Schwiegermutter schneiden Sie dann ein schönes rosé gebratenes Roastbeef auf.

♥**Hexentipp:** Pellkartoffeln können eine trockene Angelegenheit sein. Das vermeiden Sie, indem Sie etwas Butter auf den Tisch stellen oder sogar ein Päckchen Sour Cream besorgen (schmeckt hervorragend von *Block House* und gibt's in jedem Supermarkt).

Die Nachspeise ist wieder eine besondere Freude für die Hexe von Welt, die nicht stundenlang in der Küche stehen will: Die Zutaten sprechen für sich. Wollen Sie bei Schwiegermama so richtig Eindruck schinden, können Sie die Rote Grütze natürlich auch selber machen. Hier ein schönes Rezept von Oma Lorenz:

500 Gramm gemischte Früchte (tiefgefrorene oder frische Himbeeren, Erdbeeren, Johannisbeeren, Blaubeeren, Sauerkirschen)
15 Gramm Speisestärke
2 Esslöffel Wasser oder Fruchtsaft
75 Gramm Zucker
1 Esslöffel Vanillezucker

Die Früchte je nach Art vorbereiten (auftauen, waschen, entkernen, zerkleinern, was auch immer). Einige schöne Beeren oder Fruchtstücke beiseite legen. Die Speisestärke mit etwas Wasser oder Fruchtsaft glatt rühren. Die Früchte mit dem Zucker und Vanillezucker zum Kochen bringen (sie dürfen nicht zerfallen!), die angerührte Speisestärke unterrühren und kurz mitkochen. Den Topf vom Herd nehmen. Die beiseite gelegten Fruchtstücke oder Beeren unter die Grütze mischen. In eine kalt ausgespülte Schüssel füllen und kalt stellen.

♥ **Hexentipp:** Oma Lorenz serviert diese Grütze immer mit Vanilleeis.

Menü Nr. 3: Salat, Fisch, Schokolade

Sollte Schwiegermama zu den Gesundheitsaposteln im Lande zählen und gern kurzweilige Referate über bewusste Ernährung halten, kommen Sie mit diesem Menü ganz steil aus der Kurve: Vorneweg Grünzeug, dann Leckeres aus der Tiefe der Ozeane. Lecker, locker, leicht. Fast so, als ob Sie die *Fit for Fun* im Abo hätten – dabei lesen Sie als Frau von Welt selbstverständlich nur *Bunte* und *Gala*, in denen Sie sich wahrscheinlich häufiger auf einigen gelungenen Schnappschüssen bewundern können – wir gehen natürlich davon aus, dass *Sie* die elegante Dame in Gucci oder Versace im Vordergrund sind und nicht etwa diejenige, die im Hintergrund, ein keckes Häubchen auf dem Kopf,

die Aschenbecher ausleert (sonst haben Sie etwas Entscheidendes falsch gemacht).
Aber zurück zum Thema: Zum Schluss von Menü 3 folgt ein kleiner Sündenfall in Form von Schokopralinen. Die können Sie Mutti aber völlig glaubhaft als Tribut an ihren verzogenen Sohnemann verkaufen: »Zuerst sollte es ja Puffreisplätzchen geben – aber die isst Karl-Heinz *(oder Klaus oder Jürgen oder Friedrich oder Christoph oder Frank oder …)* ja leider nicht.«

(Die Zubereitung geben wir nun mal schön in der Reihenfolge der Gänge vor; Sie selbst entscheiden, was Sie wann in Angriff nehmen wollen.)

Vorspeise: Rucolasalat mit Parmesan und Balsamico-Vinaigrette

300 Gramm Rucola
16 Cocktailtomaten
80 Gramm Parmesan
1 Tütchen Pinienkerne
4 Esslöffel Balsamico-Essig
8 Esslöffel Olivenöl
4 Esslöffel Senf (mittelscharf)

2 Esslöffel Zucker
2 Esslöffel Sahne
Salz, Pfeffer nach Geschmack

Den Rucola putzen, mit einer Salatschleuder trocknen (wichtig, sonst verwässert diese Spitzenvorspeise!). Senf, Essig und Öl in eine kleine Schüssel geben und mit einer Gabel gut verrühren. Wenn das Öl zu feinen Tropfen zerstoben ist, die Sahne und den Zucker hinzugeben und unterrühren. Das Dressing jetzt nach Geschmack mit Salz und Pfeffer abschmecken. Den Rucola auf vier Tellern verteilen, das Dressing darüber geben, dann die Pinienkerne »gerecht« verteilen, zum Schluss den Parmesan darüber hobeln. Die Cocktailtomaten vierteln und um die Tellerränder herum garnieren.

♥ **Hexentipp:** Wer keine Salatschleuder hat, kann den Rucola auch in ein sauberes Küchenhandtuch packen, die Zipfel zusammennehmen und den so entstandenen Beutel ebenfalls schleudern.

Hauptgang: Seezungenröllchen mit Gorgonzola-Kräuter-Füllung

12 Tiefkühl-Seezungenfilets (à 100 Gramm)
200 Gramm Gorgonzola
1 Packung Tiefkühl-8-Kräuter-Mischung
250 Gramm Wildreis
Saft von 2 Zitronen
3 Esslöffel Butter
200 ml Weißwein (zum Beispiel Riesling)
Salz, Pfeffer und Zucker zum Abschmecken

Bei diesem Gericht ist wieder ganz weit vorne, wer eine gut gefüllte Tiefkühle sein Eigen nennt, schließlich kann man dort die zwei wichtigsten Bestandteile dieses Hauptgangs bunkern: die Seezungenfilets und die Kräuter.

Die Filets und die Kräuter lassen Sie erst mal 15 Minuten auftauen (Zeit, um die Fingernägel zu lackieren?). Auch schon mal den Reis aufsetzen – schließlich braucht der 20 Minuten und wir wollen doch keine Zeit verlieren. Jetzt den Gorgonzola zerbröseln und mit den Kräutern vermischen. Die Seezungenfilets mit der Hälfte des Zitronensafts beträufeln. Mit Salz und Pfeffer würzen. Die Gorgonzola-Kräuter-Mischung auf den Seezungenfilets verteilen, aufrollen und die Rollen mit Küchengarn zusammenbinden (Zahnstocher haben an dieser Stelle nichts zu suchen, dafür ist Fisch zu zart!).

1 Esslöffel Butter in einer Pfanne zerlassen, die Seezungenröllchen darin bei mittlerer Hitze rundum anbraten. Mit dem restlichen Zitronensaft und dem Wein ablöschen, danach zugedeckt etwa 10 Minuten dünsten, herausnehmen und zugedeckt im Ofen bei 70 Grad warm stellen.

Den in der Pfanne verbliebenen Fond aufkochen lassen und die restlichen 2 Esslöffel Butter flöckchenweise unter die Sauce schlagen. Nach Geschmack mit Salz, Pfeffer und Zucker würzen.

Auf vier vorgewärmten Tellern (der Ofen war ja schon an) den Reis anrichten – am besten kreisförmig. Dann jeweils drei Seezungenrollen im so entstandenen »Nest« platzieren. Die Sauce darüber geben. Fertig – und sehr eindrucksvoll!

♥ **Hexentipp:** Auch Tiefkühlprodukte haben ein Verfallsdatum, auf das Sie gelegentlich einen Blick werfen sollten. Eingedenk der unschönen Folgen, die gerade eine Fischeiweißvergiftung nach sich ziehen kann, sollte das Seezungenfilet also nicht gerade von Ihrem Vormieter stammen, dem Sie seinerzeit die Kühltruhe samt Inhalt abgekauft haben. Es sei denn, Schwiegermutter ist millionenschwer und gesundheitlich eh schon angeschlagen ...

Nachtisch: Amerikanische Schokopralinen

1 Päckchen Instant-Schokopuddingpulver
100 ml Sahne
200 ml Milch
50 Gramm Zucker

Praktisch, wie unsere amerikanischen Freunde nun mal sind, ist auch dieses Rezept: Wenn Sie für die Zubereitung länger als 10 Minuten brauchen, sollten Sie mal beim Arzt Ihre Reflexe überprüfen lassen. Schütten Sie einfach alle Zutaten in eine Schüssel und halten beherzt den Mixer rein. Füllen Sie dann die Masse in ein Eiswürfelförmchen und stellen Sie das Ganze für mindestens vier Stunden in den Gefrierschrank. Fertig! Einfach, oder?

♥ **Hexentipp:** Zu dieser kalten Köstlichkeit reichen Sie Schwiegermutter am besten einen gepflegten Kaffee. Wollen doch mal sehen, wie ihre Zähne den schönen Kontrast zwischen »eiskalt« und »ziemlich heiß« verkraften.

So, die Schwiegermutter hätten wir damit »abgefüttert«, aber leider gibt es ja noch andere Menschen, die unverhofft unser trautes Heim aufsuchen könnten. Zum Beispiel der Chef. Schlimmer als der überraschende Besuch der Schwiegermutter? Keineswegs! Verfahren Sie einfach wie oben beschrieben, nur dass die dazugeladenen Freundinnen nicht nur Schampus mitbringen, sondern auch noch zum Essen bleiben dürfen, wenn sie tief dekolletiert erscheinen sollten. Die nächste Gehaltserhöhung ist Ihnen sicher!
Etwas anstrengend könnte es allerdings werden, wenn sich der Chef mit seinem Kind aus erster Ehe (»Kai-Kevin ist jedes zweite Wochenende bei mir!«) einstellt und auch ihre Freundinnen ihre drei vorpubertären, antiautoritär erzogenen Monster dabei haben. (»Sorry, der Babysitter konnte nicht, macht dir doch nichts aus, oder?) In diesem Fall gibt es eigentlich nur eine einzige Möglichkeit: Organisieren Sie kurzfristig einen Kindergeburtstag bei McDonald's, dann sind Sie die Gören los.

♥ Ein ultimativer **Hexentipp:** Wenn alle Stricke reißen, Sie mit beiden Armen bis zum Ellenbogen in einem Gipsverband stecken oder Sie schlicht und ergreifend nicht die geringste Lust haben, für die Schwiegermutter, den Chef oder andere Quälgeister den Kochlöffel zu schwingen, heißt die große

Zauberformel: Party-Service! Eine richtig clevere Hexe sind Sie, wenn Sie die Lieferung so timen, dass sie etwa eine halbe Stunde vor den Gästen eintrudelt. Alles aus der Verpackung nehmen, in verschiedene Schüsseln und Töpfe umfüllen – und dann gekonnt den Eindruck erwecken, dass Sie mindestens drei Tage und Nächte selbst in der Küche geschuftet haben. Achtung: Küchentür FEST VERSCHLOSSEN halten!

Büro, Büro – die Beförderungsfeier

Wenn Sie Ihre Hexenskunst schon wirklich perfektioniert haben, arbeiten Sie vermutlich nicht mehr, sondern organisieren zwei bis drei Wohltätigkeits-Events im Jahr (wir wollen Sie in der *Bunten* und *Gala* in/bei Gucci und Versace sehen!). Sollten Sie es bedauerlicherweise noch nicht so weit gebracht haben und womöglich einer Erwerbstätigkeit im Angestelltenverhältnis nachgehen müssen, hier ein kleiner Trost: In Ihrem Leben wird es vermutlich jede Menge Beförderungen geben – denn schließlich sind Sie ja eine Hexe und verzaubern Ihren Chef oder Ihre Chefin, ohne dass er oder sie es überhaupt merkt.

Eine Beförderung verlangt natürlich nach einer angemessenen Beförderungsfeier, denn als wahre Sportsfrau müssen Sie Ihren Neidern selbstverständlich die Chance geben, sich im passenden Ambiente so richtig grün zu ärgern. Was das passende Ambiente – und vor allem das passende Essen! – ist, hängt vor allem von Art und Größe des Unternehmens ab, in dem Sie arbeiten.

Fall 1: Das Start-up-Unternehmen

Was Anfang der Neunziger noch abfällig als »Drei-Mann-Klitsche« bezeichnet wurde, ist mittlerweile zum Hoffnungsträger der gesamten Nation geworden. Falls sich Ihre Firma in Berlin befindet, sitzen Sie vermutlich gerade in einer noch etwas unfertigen Fabriketage in Mitte oder Prenzlauer Berg; in Hamburg oder Düsseldorf haben Sie wahrscheinlich einen tollen Blick auf den Hafen – wen stört es da schon, dass Sie sich mit drei anderen Kreativen jeden Tag um den Mac prügeln müssen. Aber – damit ist jetzt Schluss – denn Sie sind ja befördert worden: Von der *Sub-Art-Director-Main-Account-Vice-Assistant* zur *Chief-of-Executive.* Falls Sie nicht genau wissen, was das eigentlich bedeutet – macht nichts, eine Gehaltserhöhung ist damit sowieso nicht verbunden, aber beim angepeilten i.p.o. *(initial public offering* – so nennt man jetzt einen Börsengang) werden Sie natürlich ein fettes Aktienpaket erhalten. Und dann sind Sie endlich reich – reich! reich! – und haben also einen Grund, die Beförderung zu feiern. Dem Lebensgefühl der New Economy angemessen natürlich nicht etwa mit Partyfrikadellen oder Butterkuchen, sondern mit leckerem *Fingerfood* und rustikalen *Tapas.*

Scampis in Knoblauch

1 Beutel Tiefkühl-Scampis (500 Gramm)
8 Knoblauchzehen
1 Esslöffel Chilipulver
300 ml Olivenöl
Salz nach Geschmack

Hola! Hier kommt der feurige Auftakt der Feier – und wer zu spät kommt, hat den restlichen Abend ohne Atemmaske nichts zu lachen; bei diesem Gericht dürfte nämlich schon bald eine gepflegte Knofi-Fahne durch Ihr schickes Büro-Loft wehen.
Zur Sache: Die Scampis eine Stunde auftauen lassen, in einem Sieb waschen, auf Küchenkrepp abtropfen lassen. Die Knoblauchzehen schälen und in Scheiben schneiden. Das Olivenöl mit dem Chilipulver verrühren, in einer Pfanne erhitzen und die Knoblauchscheiben darin anbraten. Die Scampis in die Pfanne geben und etwas salzen. Wer es besonders temperamentvoll mag, kann noch zusätzlich Chilipulver über die Scampis streuen. (Haben Sie eigentlich den Vorrat an Evian überprüft?) Die Scampis fünf Minuten braten, dann servieren.

♥ **Hexentipp:** Die perfekte Beilage zu den Knoblauch-Scampis ist ungesalzenes Weißbrot oder Ciabatta. Letzteres ist zwar ein Stilbruch, weil nicht spanisch, sondern italienisch – schmeckt aber saugut! Verkaufen Sie es einfach als innovativ und unkonventionell (»Europa wächst zusammen!«) – das sind Sie doch schließlich alle in Ihrer Firma!

Pflaumen im Speckmantel

300 Gramm Schinkenspeck (am besten dänischer Bacon)
30 Backpflaumen (zum Beispiel *California Gold*)
30 Zahnstocher

Das ideale Gericht für Eilige und Ungeduldige: Praktisch keine komplizierten Vorbereitungen, trotzdem superlecker! Einfach die Pflaumen mit je einer Scheibe Schinkenspeck umwickeln, mit einem Zahnstocher feststecken. Dann das Ganze bei 200–230 °C in den (vorgeheizten!) Backofen. Dauert ungefähr 15 bis 20 Minuten, dann ist der Speck gebraten und umgibt die Pflaumen fest und knusprig. Schmeckt am besten warm, ist kalt aber auch nicht schlecht.

♥ **Hexentipp:** Statt der Pflaumen Datteln nehmen. Oder beides. Lecker!

Spanische Gemüse-Eier-Tortilla

4 Eier
1 Zwiebel
200 Gramm Tiefkühlerbsen
600 Gramm Kartoffeln (festkochend)
1 Paprikaschote
2 Champignons
4 Esslöffel Olivenöl
Salz
Pfeffer

Das mag eigentlich jeder, also machen Sie von dieser Tortilla ruhig ein paar mehr (mögliche Reste halten sich auch noch zwei bis drei Tage im Kühlschrank).
Zuerst die Zwiebeln klein schneiden und mit dem Olivenöl in einer Pfanne andünsten. Dann die Kartoffeln, die Sie zuvor gewaschen, geschält und in 1 Zentimeter große Würfel geschnitten haben, bei geringer Hitze 10 bis 15 Minuten lang garen, bis sie goldgelb sind. Jetzt geben Sie das restliche klein geschnittene Gemüse hinzu und würzen alles mit Salz und Pfeffer. Nach wenigen Minuten übergießen Sie alles mit den Eiern, die Sie zuvor in einer Schüssel verquirlt haben. Bei schwacher Hitze einfach brutzeln lassen, bis das Ei fast überall fest ist, auf keinen (!!!) Fall (!!!) mit dem Bratenschieber in der Pfanne herumstochern (sonst haben Sie aus Ihrer

schicken Tortilla im Handumdrehen ein ordinäres Bauernfrühstück gemacht, und das will ja keiner!). Wenn der »Pfannkuchen« fest ist, vorsichtig wenden und noch einen kurzen Augenblick von der anderen Seite fertig garen. Anschließend auf einen Teller legen und wie einen Kuchen zerschneiden. Kann warm oder kalt serviert werden.

♥ **Hexentipp:** Zwar nicht mehr vegetarisch, aber echt würzig wird die Tortilla mit gewürfeltem mageren Katenschinken, den Sie zusammen mit den Kartoffeln in die Pfanne geben und schön kross anbraten (so richtig geil ungesund). Eine weitere Variante: Geben Sie ein bisschen Schafskäse dazu, dann haben Sie flugs noch eine griechische Note hinzugemogelt. (Europa und so – Sie erinnern sich?) Auch was das Gemüse angeht, können Sie sich natürlich austoben und eigentlich alles in die Pfanne werfen, was man klein hacken kann (außer bitte den Büro-Wellensittich, der den ganzen Tag immer so fröhlich tschilpt).

Sie haben es schon gemerkt – unser kleines Beförderungsbüfett ist ziemlich Spanien-lastig. Was passt da als begleitendes Getränk besser als Sangria? (Aber bitte nicht im 5-Liter-Eimer anbieten. Muss ja nicht jeder wissen, dass Sie Ihren Urlaub wieder am Ballermann verbracht haben.)

Sangria

5 Orangen
2 Zitronen
6 cl Cointreaux
3 Flaschen Rioja (oder: »Wat der Aldi jrad an Spanier im Anjebot hat!«)
2 Flaschen Freixenet (oder irgendeinen anderen Sekt)

Die Orangen und Zitronen schälen, so dass dabei Spiralen entstehen. Das Fruchtfleisch in Scheiben schneiden und in eine große Schüssel geben. Den Cointreaux, den Rioja und die Schalen dazugeben, das Ganze eine Stunde ziehen lassen. Am meisten Eindruck schinden Sie, wenn Sie gekühlten Sekt erst vor den Augen Ihrer Gäste in die Schüssel geben. Das gilt natürlich nur, wenn auch die Sektflasche was hermacht! Sind Sie also auf Rotkäppchen oder Söhnlein brillant ausgewichen, füllen Sie Schüssel besser schon in der Teeküche auf.

♥ **Hexentipp:** Lassen Sie ebenfalls in der Teeküche eine Papierserviette des örtlichen In-Spaniers liegen, auf die Sie zuvor in südländisch anmutendem Deutsch dieses Rezept aufgepinnt und die Serviette dann mit Rotweinflecken versehen haben. So wird schon bald das Gerücht die Runde machen, die Zusammensetzung für diese Spitzensangria habe Ihnen der Wirt des besagten Restaurants in einer stillen Stunde unter dem Siegel der Verschwiegenheit für besondere Gelegenheiten anvertraut.

Yuppie-Kir

Sekt
Kombucha

Bei Kombucha handelt es sich nicht etwa um eine asiatische Kampfsportart, die demnächst olympisch wird, sondern um ein In-Getränk auf Teebasis, das angeblich jung und schön macht. Auf unserer kleinen Start-up-Feier darf es deshalb unter keinen Umständen fehlen. Gemixt wird der Yuppie-Kir im gleichen Verhältnis wie »normaler« Kir. Will heißen: In ein Sektglas kommt ein Schuss Kombucha, dann das restliche Glas mit Sekt auffüllen.

♥ **Hexentipp:** Den Glasrand mit Scheiben der Sternfrucht garnieren. Zudem ist es jetzt an der Zeit, mehrere CDs von *Compay Segundo* und dem *Buena Vista Social Club* in den CD-Wechsler einzulegen. *Viva el Maximo Líder!* (Anmerkung der Redaktion: Gemeint ist Castro! Zu diesem Ausspruch bitte die linke Hand zur Faust ballen und in die Luft recken. Danke.)

Fall 2: Der mittelständische Betrieb

Diese Yuppies – einfach nervig. Wie gut, dass Sie in einem soliden Unternehmen der Holz verarbeitenden Industrie mit 200 Mitarbeitern schaffen. Und endlich ist es so weit – Sie werden Vertriebsleiterin. *Juchhe!* Mit dem ganzen Antipasti-Scheiß brauchen Sie hier niemandem kommen. »Wat auffe Gabel!« lautet die Devise. Unser Vorschlag deshalb: ein bayerisches Büfett. Kommt immer gut (müssen die meisten Kollegen doch an ihren letzten Urlaub im Voralpenland denken) und verlangt Ihnen keine Spitzenleistungen am Herd ab. Und alle werden satt. Im Einzelnen:

Leberkäse

Den Leberkäse bekommt man, zumindest ab südlich des Mains, bei jedem Metzger. Sollten Sie das Pech haben, nördlicher zu wohnen, brauchen Sie einen gut sortierten Grillimbiss, der verkauft das Zeug nämlich auch. Oder Sie verführen den bereits mehrfach erwähnten Fleischereifachverkäufer Ihres Vertrauens und bitten mit kokettem Augenaufschlag für eine Sonderzubereitung. So oder so gilt: Ist der Leberkäse noch roh, backen Sie ihn 40 Minuten bei 200 Grad, bis er goldbraun ist. Ist er schon gebacken, schmeißen Sie ihn gnadenlos in die nächste Mikrowelle. Wichtigste Beilage: Süßer Senf. Bloß nicht vergessen!

♥ **Hexentipp:** Am besten schmeckt unserer unmaßgeblichen Meinung nach der Senf der Firma Händlmeier.

Weißwürste

Auch hier gibt das Nord-Süd-Gefälle den Ausschlag: Zwar bekommt man Weißwürste mittlerweile überall in Deutschland, im Süden müssen sie aber bis 12 Uhr mittags serviert sein. »Ja, mei!« – wenn Sie in einem Betrieb in Neumünster feiern, kann Ihnen das herzlich egal sei. Ob Bayern oder nicht, die Zubereitung ist überall dieselbe: Würste in einen großen Topf mit kaltem, leicht gesalzenem Wasser legen und erst mit dem Wasser (Wichtig! Sonst platzen die Würstchen!) auf mittlerer Hitze erwärmen. Bildet sich auf dem Wasser weißer Schaum, sind die »Weißwürscht« fertig. Nicht vergessen: Süßer Senf!

Laugenbrez'n

Unverzichtbare Beilage des bayerischen Büfetts sind natürlich frische Laugenbrez'n. Auch hier vertrauen wir wieder auf die Segnungen der Tiefkühlkost: Die Brez'n gibt es nämlich mittlerweile als Fertigteig schon vorgeformt, nur das Salz (liegt im Tütchen der Packung bei) müssen Sie noch selbst draufstreuen. Toll, was? Backen nach Anleitung, und rauf aufs Büfett.

Getränke

Hier ist zu viel Fantasie fehl am Platz. Einzig sinnvolles Getränk: Weißbier aus Flaschen, am besten Erdinger. Für die bemitleidenswerten Autofahrer können Sie eine Mischung aus Bier und Zitronenlimonade anbieten, sprich: Radler.

Fall 3:
Der Konzern

Jetzt, da Sie endlich in den Vorstand eines bedeutenden Medienunternehmens aufgerückt sind oder mindestens zur Geschäftsführerin einer wichtigen Tochtergesellschaft eines bedeutenden Medienunternehmens bestellt wurden, jetzt endlich ist es so weit: Sie geben eine gigantische *Hau-das-Geld-raus*-Party, rechnen alles über die Firma ab und machen selber keinen Finger krumm. Einziger Risikofaktor: Ihre Sekretärin lässt die Feier unvorsichtigerweise vom 08/15-Party-Service um die Ecke ausrichten (und die neidischen Kollegen lästern sich ein Loch in den Bauch – wie peinlich!). Das gilt es zu verhindern – und hier helfen Ihnen die drei magischen Buchstaben: *www*. Denn renommierte Veranstalter, die was auf sich halten, sind natürlich längst im Netz vertreten und ermöglichen Ihnen einen virtuellen Trip über die letzten Partys, die sie organisiert haben (samt Speisekarte). So bekommen Sie schon beim Surfen einen guten Eindruck davon, wen Sie engagieren können – und von wem Sie besser die Finger lassen. Beispiele für interessante *party-domains*:

www.lsg-skychefs.com/de/companies/business/restaurants/party.html

Komplizierter Name, dafür stecken dahinter wahre Profis. Es handelt sich nämlich um den Party-Service der Lufthansa. Und keine Angst, Sie müssen nicht gleich einen Jet anmieten, um in den Genuss leckerer Häppchen zu kommen: Der Lufthansa-Party-Service beglückt Sie auch auf dem Boden, deutschlandweit. Weiteres Plus: Der Partyschmaus soll nach Augenzeugenberichten nicht die geringste Ähnlichkeit mit dem haben, was man landläufig so mit Flugzeugverpflegung assoziiert.

www.gourmetservice.de

Bei dieser Adresse handelt es sich um ein interessantes Joint-Venture eines Partyveranstalters mit der bekannten Konditorei *Leysieffer*. Sie dürfen also davon ausgehen, dass Sie zumindest die Rote Grütze bedenkenlos ordern können. Der Gourmetservice organisiert ebenfalls deutschlandweit Ihre kleine Feier und baut, wenn Sie wollen, auch gleich ein passendes Zelt auf. Könnte ja sein, dass Ihnen der Sitzungssaal im 32. Stock zu unpersönlich ist.

www.feinkost-kaefer.de

Diese Homepage ist so neu, dass sie bei Redaktionsschluss noch nicht vollständig funktionierte. Wenn sie aber erst einmal läuft, kann man auf ihr bestimmt jede Menge Promi-Feten begutachten, die der gute Käfer ausgerichtet hat. Und wäre es nicht schön, in der Referenzliste später die eigene Party zwischen einem Empfang für Königin Silvia und einem Wohltätigkeitsdinner mit Prinz Charles wieder zu finden?

Wenn Sie für einen schwäbischen Konzern arbeiten und demnach doch noch selbst Hand anlegen müssen, sollten Sie sich aber wenigsten den Weg in den Supermarkt ersparen. Um edle Zutaten für ein kaltes Büfett zu ordern, empfehlen wir einen Blick auf die folgenden Internetseiten:

www.gosch.de

Was einst als kleine Fischbrötchenbude auf Sylt begann, hat sich mittlerweile zum Hummer-und-Austern-

Imperium gemausert. Das beste – Sie müssen nicht nach Westerland fahren, um in den Genuss von Maitre Goschs Meeresfrüchten zu kommen. Ordern Sie einfach in seinem Online-Shop!

www.kadewe.de

Auch das berühmte Kaufhaus des Westens in Berlin hat einen solchen Online-Shop. Und hier gibt's nicht nur Fisch, sondern alles, was man als erfolgreiche Geschäftsfrau gern in sich hineinschlingt und auch gern Gästen anbieten will.

♥**Hexentipp:** Erstaunlich viele Restaurants haben mittlerweile schon den Weg ins Netz gefunden. Wenn Sie also einen speziellen regionalen Liebling haben, dann schauen Sie doch einfach mal nach, ob er seine Dienste auch online anbietet.

Walpurgisnächte

Wenn sich mehrere moderne Hexen abends versammeln und einen Riesenzauber veranstalten, nennt frau das »Walpurgisnacht«. Dahinter verbirgt sich eigentlich nur eins: ein richtiger Klasse-Weiberabend! Wie aber genau sieht ein Weiberabend mit modernen Hexen aus?

* Ums Feuer tanzen?
* Den Mond anbeten?
* Ein Wettrennen auf dem Staubsauger?

Nein, eine moderne Hexe lässt es bei der »Walpurgisnacht« auf ganz irdische Art und Weise so richtig krachen – da wird die Stereoanlage bis zur Schmerzgrenze aufgedreht (das Klopfen der Nachbarn hört frau dann ohnehin nicht mehr) und gefetet bis zum Morgengrauen. Männer? Unerwünscht! Es sei denn, sie machen sich in der Küche nützlich, servieren einige kleine Snacks und machen sich ansonsten unsichtbar. Oder sind blutjung, kommen aus dem Süden Europas und wissen, wie sie ihren gut gebauten Körper im Einklang mit Musik und Hexenschreien zu enthüllen haben.

Kleine Snacks für einen gelungenen Weiberabend

Mexikanische Maiscremesuppe
(4 Personen)

1 Zwiebel
2 Möhren
1 große Kartoffel
1 Esslöffel Öl
1 Dose Mais (Abtropfgewicht 300 Gramm)
1 Becher süße Sahne
500 ml Hühnerbrühe (Würfel)
1 Lorbeerblatt
Pfeffer
100 Gramm Parmaschinken
1 Bund Schnittlauch

Zuerst die Zwiebel schälen und würfeln. Dann die Möhren und Kartoffeln schälen und in Scheiben schneiden. Das Ganze in heißem Öl andünsten. Den Mais, die Hühnerbrühe, das Lorbeerblatt (Vorsicht: Muss nach dem Kochen aus der Suppe entfernt werden!) und Pfeffer in einen Topf geben, das angedünstete Gemüse hinzufügen und im geschlossenen Topf 30 Minuten garen. In der Zwischenzeit den Schinken in 2 Zentimeter breite Streifen schneiden. Abschließend die Sahne hinzugeben und bei schwacher Hitze noch ein wenig köcheln lassen. Danach die Suppe mit einem Stabmixer pürieren, in eine Schüssel füllen, mit dem Schinken und dem gehackten Schnittlauch garnieren und servieren.

♥ **Hexentipp:** Weil nicht alle Schinken mögen (Vegetarier!), können Sie ihn auch in einem Schälchen bereitstellen, damit sich jeder nach Belieben etwas davon in die Suppe tun kann.

Käsestangen

Dieses Rezept hat den Vorteil, dass Sie es gut für eine spontane Party vorbereiten können, weil alle Zutaten dafür zum Notvorrat gehören. Jedenfalls dann, wenn Sie dieses Buch hier ordentlich gelesen haben!

1 Paket Blätterteig (tiefgefroren)
200 Gramm Käse (je nach Geschmack Leerdamer oder Emmentaler)
1 Muskatnuss
2 Eigelb
1 Teelöffel Paprikapulver
Salz, Pfeffer

Den Backofen auf 220 °C vorheizen. Die einzelnen Scheiben Blätterteig nebeneinander legen und auftauen lassen. Das dauert ungefähr eine Viertelstunde. Danach die Scheiben in 2 Zentimeter breite Streifen schneiden. Die beiden Eigelbe mit dem Paprikapulver verquirlen und damit die Blätterteigstreifen gleichmäßig bestreichen. Den Käse in dünne Streifen hobeln. Die Blätterteigstreifen in der Mitte mit Käse belegen. Mit Salz und Pfeffer bestreuen und je nach Geschmack etwas Muskatnuss darüber reiben. Ein Backblech mit Backpapier belegen, darauf die Käsestangen platzieren und darauf achten, dass diese nicht zu nah nebeneinander liegen. Im Ofen auf mittlerer Höhe 15 Minuten backen. Dann das Blech herausnehmen und die Käsestangen 10 Minuten auskühlen lassen (sonst verbrennen sich gierige Schlemmerhexen gern mal den Mund).

♥ **Hexentipp:** Natürlich können Sie auch Feta auf den Blätterteig bröseln. Schmeckt schön herzhaft!

Frikadellen »Schnelle Art«

Wenn Sie überhaupt keine Lust oder Zeit haben, etwas vorzubereiten, empfehlen wir Ihnen dieses Rezept.

Grobe Bratwurst (pro Person ungefähr 150 Gramm)
Öl

Einfach die rohe Bratwurst aufschneiden, das Hackfleisch herauspulen und zu kleinen Bällchen formen. In einer Pfanne mit etwas heißem Öl goldbraun braten, fertig sind die Buletten!

♥ **Hexentipp:** Erzählen Sie es niemandem …

Ansonsten brauchen Sie nur noch Chips, Flips, Erdnüsse und Salzstangen in rauen Mengen – dann kann die Party losgehen! Oder … Nein, da fehlt doch noch was!

Cocktails, Cocktails, Cocktails

Etwas vorweg: Cocktails sind eine schöne Sache, vor allem, weil es Spaß macht, mit verschiedenen Zutaten herumzuexperimentieren. Allerdings geben wir Ihnen den guten Rat, an einem Abend nicht unbedingt mehr als drei Cocktails auszuprobieren. Auch wenn sie noch so lecker schmecken mögen – nicht jeder Magen verträgt eine wilde Mixtur aus Whisky, Gin, Campari, Wodka und Tequila!

Caipirinha (31 Umdrehungen)
Ein absoluter Klassiker unter den Cocktails, und noch nicht einmal besonders schwierig zuzubereiten.

6 cl Cachaca
2 cl Zuckersirup
4 ungespritzte Limetten
zerstoßenes Eis

Zuerst die Limetten vierteln und über einem normalen (Whisky-)Glas ausdrücken, aber nicht wegwerfen, sondern ebenfalls ins Glas geben und mit einem Stößel noch ein wenig ausdrücken (das gibt dem Ganzen dank der Öle in den Schalen noch mehr Aroma). Dann das Glas fast bis zum Rand mit dem gestoßenem Eis auffüllen. Zuckersirup und Cachaca hinzugeben. Alles gut verrühren und mit einem Trinkhalm servieren.

Adonis (16 % Alkohol)
Für einen Weiberabend genau das Richtige! Oder würden Sie nicht gern mal einen Adonis vernaschen?

2 cl Sherry (dry)
2 cl Vermouth (rosso)
1 Spritzer Orange-Bitter
Eiswürfel
1 Zitronenscheibe

In einem Glas Sherry, Vermouth und Orange-Bitter mit ein paar Eiswürfeln gut verrühren. Das Ganze durch ein Sieb in eine Cocktailschale abgießen. Die Zitronenscheibe ausdrücken und den Saft direkt in den Drink geben.

Harvey Wallbanger (trotz des vielversprechenden Namens nur 14 % Alkohol)

Holen Sie Ihre *Aerosmith*-Platten raus, ziehen Sie ein gebatiktes T-Shirt über und hängen Sie ein Plakat vom letzen *Metallica*-Konzert auf – schon haben Sie und Ihre Freundinnen eine echte Hard-Rock-Night! Dieser Drink hier passt bestens, wenn Sie sich beim Headbangen einmal so richtig den Nacken verrenken wollen!

5 cl Wodka
2 cl Galliano
12 cl Orangensaft
Eiswürfel
1 Kumquat
1 Orangenscheibe

Die Eiswürfel in ein großes Glas geben und darüber den Orangensaft gießen. Gut umrühren! Den Galliano hinzufügen, danach aber nicht mehr umrühren! Mit der Kumquat und der eingeschnittenen Orangenscheibe garnieren.

Schlammbowle (Umdrehungen: unbekannt. Wirkung: umwerfend!)

In Ordnung, Schlammbowle klingt nicht wirklich schick und hip, aber jede moderne Hexe weiß, dass sie in ihrer Wirkung um so phänomenaler ist. Wir persönlich haben jedenfalls schon unsere Erfahrungen damit gemacht …

2 l Bitter Lemon

2 l Wodka (für zart besaitete Naturen tut's auch einer)

2 Gläser Schattenmorellen

2 l Vanilleeiscreme

große Schüssel (mindestens 8 l Fassungsvermögen)

Die Schattenmorellen durch ein Sieb abgießen. Den Saft nicht wegschütten, der kommt später wieder dazu! Dann die Schattenmorellen für ein bis zwei Stunden in die mit Wodka gefüllte Schüssel geben. Dann das Bitter Lemon in die Schüssel gießen. Alles gut umrühren. Etwa 10 Minuten, bevor die ersten Gäste kommen, das Vanilleeis darauf geben. In Bechern mit einem kleinen Spieß (für die Früchte) servieren.

♥ **Hexentipp:** Achtung, ernst zu nehmende Warnung! Die Schattenmorellen nicht länger einlegen! Eine Bekannte servierte vor einiger Zeit bei einer Party eine Schlammbowle, für die sie die Schattenmorellen *über Nacht* in der Schüssel mit Wodka gelassen hatte. Nur so viel: An die Party kann sich niemand mehr so richtig erinnern …

Prince Charles (17 % Alkohol)

Für alle, die es etwas vornehmer mögen, dürfte dieses »königliche« Getränk angesagt sein. Und keine Sorge – uns ist bisher noch nicht bekannt, dass frau davon Segelohren bekommt.

2 cl Cognac
1 cl Curaçao Orange
12 cl Champagner
1 Spritzer Angostura
Eiswürfel
1 Cocktailkirsche
1 Zitronenscheibe

Ein paar Eiswürfel in eine Sektflöte geben und mit Cognac, Curaçao und Angostura auffüllen. Zum Schluss mit der Cocktailkirsche und der halbierten Zitronenscheibe garnieren.

Pina Colada (9 % Alkohol)

Sie wollen bei Ihrem Weiberabend einen Hauch von Karibik ins Wohnzimmer zaubern? Dann müssen Ihre Freundinnen entweder alle im Baströckchen erscheinen – oder aber Sie servieren ihnen einen echten Sunshine-Drink!

6 cl Rum (weiß; braun geht auch, verändert allerdings die Farbe des Drinks)
12 cl Ananassaft
5 cl Cream of Coconut
2 cl süße Sahne
gestoßenes Eis
Ananasstücke
1 Cocktailkirsche

Ein schönes großes Glas bis zur Hälfte mit gestoßenem Eis füllen. Die flüssigen Zutaten zusammen mit den Ananasstücken in einem Elektromixer gut durchmixen. Anschließend das Ganze in das mit Eis gefüllte Glas gießen und gut umrühren. Mit einem weiteren Ananasstück und der Cocktailkirsche garnieren und mit zwei Trinkhalmen servieren.

♥ **Hexentipp:** Dieses Getränk ist ziemlich süß und nur echten Schleckermäulern zu empfehlen.

Margarita (31 Umdrehungen)
Für die modernen Hexen, die nicht unbedingt auf etwas Süßes stehen.

4 cl Tequila (weiß)
1 cl Curaçao Triple Sec
1 cl Zitronensaft

Salz
Eiswürfel
2 Zitronenscheiben

Eine Cocktailschale (beziehungsweise mehrere, denn es ist ja eher unwahrscheinlich, dass Sie mit sich allein einen Weiberabend veranstalten) im Kühlschrank vorkühlen. Dann das Glas/die Gläser herausnehmen und am Rand mit einer Zitronenscheibe befeuchten. Einen flachen Teller mit Salz bedecken und das Glas verkehrt herum darauf stellen – so entsteht der für die Margarita typische Salzrand. Tequila, Curaçao und Zitronensaft zusammen mit ein paar Eiswürfeln in einem Cocktailshaker kräftig schütteln. Anschließend das Ganze durch ein Sieb in die Cocktailschale abgießen und mit der anderen Zitronenscheibe garnieren.

Bierbowle (6 % Alkohol)
Etwas zünftiger geht es bei Ihrem Weiberabend zu, wenn Sie dieses Getränk anbieten. Besonders gut passt es in die Karnevalszeit, aber deswegen müssen Sie keine Polonaise durch Ihr Wohnzimmer tanzen.

200 cl Bier
75 cl Sherry *(medium* oder *dry)*
5 cl Weinbrand

75 cl Sekt
(wenn Sie mögen: Früchtecocktail aus der Dose)

Die flüssigen Zutaten (außer den Sekt) in eine Bowleschüssel gießen und für ein paar Stunden kalt stellen. Erst kurz vor dem Servieren den Sekt dazugeben. Wer mag, kann noch einen Früchtecocktail darunter mischen.

Escorial Frappée (Feuergefahr! 45 Umdrehungen!!!)
Hier ein Drink für die ganz Harten! Wir persönlich haben schon 150 Kilo schwere Fernfahrer zu Boden gehen sehen, als sie an diesem Getränk genippt haben. (Fragen Sie bitte nicht, woher wir 150 Kilo schwere Fernfahrer kennen.) Also Vorsicht, für Alkoholvergiftungen übernehmen wir keine Verantwortung!

4 cl Escorial (grün)
1 cl Limettensirup
gestoßenes Eis

Eine Cocktailschale ungefähr zu zwei Dritteln mit gestoßenem Eis füllen und die Zutaten dazugeben. Einmal gut umrühren und mit Stirrer servieren.

♥ **Hexentipp:** Bevor Sie Ihren Gästen diesen Drink servieren, sollten Sie

1. ein gutes, reichhaltiges Essen als Grundlage auf den Tisch gestellt haben und
2. Ihr Telefon ausgestöpselt haben (manche Leute neigen unter Alkoholeinfluss leider dazu, ihren Chef anzurufen und ihm auseinander zu setzen, was frau ihm eigentlich schon immer einmal sagen wollte) und
3. einen Ihrer Gäste dazu verdonnert haben, nichts zu trinken, um die Lage zu überwachen und
4. den Weg zur Toilette mit neonroten Pfeilen markiert haben.

Danach (37% Alkohol)

Sollte eine Ihrer Freundinnen tatsächlich den Escorial Frappée überlebt haben: Hut ab, Hut auf! Sollte sie sogar noch nach mehr verlangen, ist dieses Getränk vermutlich passend.

2 cl Crème de Menthe (weiß)
2 cl Kirschwasser
2 cl Wodka
gestoßenes Eis

Ziemlich einfach: Die Zutaten in ein Glas geben, umrühren, fertig! Kann frau sogar noch im unzurechnungsfähigen Zustand.

Grüne Welle (Bleifrei)

Damit die armen Autofahrerinnen sich bei Ihrer Party nicht ausgeschlossen fühlen, sollten Sie ihnen auch einen Drink anbieten. Schließlich ist es ziemlich unspaßig, wenn alle ein hübsches, buntes Getränk in der Hand halten und frau selbst an einem Glas mit Mineralwasser nippt.

4 cl Pfefferminzsirup
12 cl Tonic Water
gestoßenes Eis
1 Minzezweig
1 Orangenscheibe
1 Cocktailkirsche

Ein großes Glas etwa zu einem Drittel mit gestoßenem Eis füllen. Den Pfefferminzsirup hinzugeben, das Ganze leicht umrühren und mit dem Tonic Water auffüllen. Den Minzezweig hinzugeben. Auf einen Cocktailspieß die halbierte Orangenscheibe und die Cocktailkirsche stecken und diesen über den Glasrand legen. Mit Trinkhalm und Stirrer servieren.

Damit wäre geklärt, was eine moderne Hexe bei ihrer »Walpurgisnacht« serviert. Allerdings gibt es noch ein paar Dinge, die zu einem gelungenen Weiberabend dazugehören:

1. Jede Menge gute Musik
(unentbehrlich: mindestens eine CD von Take That, den Backstreet Boys oder aber natürlich von Robbie Williams – Rock DJ! –, ein paar alte Schlager [»Die kleine Kneipe«, »Santa Maria«, »Ein Bett im Kornfeld«], ein paar Songs von Abba, »I will survive« von Gloria Gaynor und so weiter)
2. Fotos, Liebesbriefe und Videoaufnahmen vom Ex-Freund
(zwecks Lästereien zu vorgerückter Stunde)
3. Telefon, Handy oder Fax
(zwecks lustiger Anrufe, SMS-Attacken und/oder subversiver Fax-Aktionen zu noch vorgerückterer Stunde. Vorsicht: Wie bereits oben erwähnt sollten Sie aufpassen, dass niemand nach dem Genuss von Escorial Frappée zum Hörer greift!)

Nackte Tatsachen: Kalorien

Abschließend müssen wir leider noch ein unangenehmes Thema ansprechen: *Kalorien!* Ja genau, wir sprechen hier von diesen kleinen, gehässigen Monstern, die sich im Kartoffelsalat oder in der Pizza verstecken und nichts anderes im Sinn haben, als uns möglichst schnell zu Stammkunden bei »Schickes in Größe 54« zu machen. Traurig, aber wahr, gegen Kalorienbomben ist auch eine echte Hexe machtlos: Sahnetorte hinterlässt nun einmal Pölsterchen, auch dann, wenn frau sie prinzipiell nur um Mitternacht und bei Vollmond isst. Und auch der Aberglaube, dass frau beim Verzehr von Burgern und Pommes nur dreimal rückwärts im Kreis laufen und dabei »Ich werde schlank, ich werde schlank, ich werde schlank!« murmeln muss, dürfte von der Fastfood-Industrie in die Welt gesetzt worden sein. Deswegen sollte eine moderne Hexe ihren Speiseplan in zwei Kategorien unterteilen.

Finger wech!

Die Angaben beziehen sich, soweit nicht anders vermerkt, immer auf 100 Gramm.

Lebensmittel	*Kalorien*
Avocado (1 Stück)	320
Blätterteig	422
Blutwurst	452
Bockwurst (1 Stück)	332
Bohnen, weiß	352
Bratwurst (1 Stück)	342
Butter	776
Currywurst (1 Stück)	500
Eisbein, Vorderhaxe (1 kg, m. Knochen)	1866
Eisbein, Hinterhaxe (1 kg, m. Knochen)	2672
Emmentaler Käse	409
Ente	243
Erdnüsse	629
Fleischwurst	315
Frankfurter (1 Paar)	256
Frikadelle (1 Stück)	275
Gans	342
Gouda	401
Griebenschmalz	940

Grieß	370
Hamburger (1 Stück)	584
Haselnüsse	694
Kichererbsen	368
Kokosnuss	400
Lammbrust	404
Leberpastete	334
Leberwurst	449
Makkaroni	387
Margarine	761
Mehl, Type 405	368
Mohn	536
Mortadella	345
Nudeln	389
Parmaschinken	265
Pizza Margherita (300 Gramm)	588
Sachertorte (1 Stück)	379
Schafskäse	370
Schinken, roh	395
Schmalz	947
Schweinebauch	450
Speck, fett	860
Weißwurst (1 Stück)	318
Zucker, weiß	394

Rein damit!

Die Angaben beziehen sich, soweit nicht anders vermerkt, immer auf 100 Gramm.

Lebensmittel	*Kalorien*
Apfel (1 Stück)	75
Artischocke (1 Stück)	61
Bambussprossen	27
Birne (1 Stück)	80
Chicorée	16
Chinakohl	16
Eisbergsalat	15
Erdbeeren	37
Forelle	112
Grapefruit (1 Stück)	70
Heilbutt	110
Honigmelone	26
Hühnerbrust	109
Joghurt, 1,5 % Fett	50
Kalbsfilet	105
Karotten	41
Kiwi (1 Stück)	32
Krabben	96
Kürbis	28

Lammfilet	122
Miesmuscheln	72
Orange (1 Stück)	77
Paprikaschoten	28
Pfifferlinge	22
Putenbrust	115
Radieschen	20
Rhabarber	18
Rinderfilet	126
Roastbeef	188
Sauerkraut	26
Scampi	80
Schellfisch	80
Scholle	82
Spargel	20
Spinat	26
Tomaten	19
Wassermelone	23
Weintrauben	72
Zucchini	16

Das heißt natürlich nicht, dass eine echte Hexe ab sofort auf alles verzichten soll, was gut schmeckt und kalorienreich ist. Wir wollen damit nur Folgendes sagen: Wenn Sie sich ausschließlich von Sachen aus der ersten Kategorie ernähren und trotzdem den Körper einer

Claudia Schiffer haben, sollten Sie wegen Ihrer potenziellen starken Schilddrüsen-Überfunktion über einen Arztbesuch nachdenken oder aber Ihre sicher nicht harmlose Bulimie überdenken. Ansonsten dürfte die Boutique »Schickes in Größe 54« mit Ihrer Hilfe siebzig Prozent ihres Jahresumsatzes bestreiten. Gut für die – aber gut für Sie? Beides ist nicht sonderlich erstrebenswert. Genauso wie das Alternativprogramm: Essen Sie nämlich nur Nahrungsmittel aus der zweiten Kategorie, haben Sie mit Sicherheit nicht besonders viel Spaß im Leben. »Ausgewogen Essen« heißt die Zauberformel, mit der die moderne Hexe von heute die größten Erfolge erzielt.

♥ Ein letzter **Hexentipp:** Wer den süßen Versuchungen des Lebens nicht widerstehen kann (und eigentlich sind wir ja auch nur dazu da, uns den Versuchungen hinzugeben), der kann überflüssige Kalorien schnell wieder loswerden. Etwa 250 Kalorien verbrennt man bei einer Stunde Gymnastik, einer halben Stunde Joggen – oder bei einem heißen Bad. Jetzt wissen Sie auch, warum jede moderne Hexe zu Hause eine Badewanne haben sollte!

Register

Speisen

Drinks

Die moderne Zauberfrau ...

Damals kochte Mutti noch für uns
(links: *Wiebke*, rechts: *Frauke)* ...

... gestern und heute

... heute können wir
die Mikrowelle selbst bedienen!

Wenn die Hexe lachen will

Oliver Kuhn und Daniel Wiechmann

Mein schwuler Friseur

oder Wie Sie sich mit 2222 Vorurteilen über Ihre Mitmenschen lustig machen

Eskimos haben dreißig verschiedene Wörter für Schnee, aber kein Wort für Badehose.
Fotomodels erklären in Interviews, dass sie es in Ordnung fänden, sich nackt fotografieren zu lassen, aber nur, solange es ästhetisch ist.
Katholiken glauben an Wunder. Sie fahren alt und gebrechlich nach Lourdes und kommen alt und gebrechlich wieder zurück.
Postbeamte sitzen hinter einem »Schalter geschlossen«-Schild und langweilen sich offenkundig, während an dem geöffneten Schalter eine endlose Schlange wartet.
Taxifahrer sprechen entweder überhaupt kein Deutsch (»Wo du wolle?«) oder haben Germanistik studiert.

5 von 2222 Vorurteilen über Männer, Frauen, Autofahrer, Berliner, Österreicher, Hunde- und Katzenbesitzer, Studenten, Polizisten, Telekom-Aktionäre und (fast) alle anderen …

Knaur

Wenn die Hexe es schnell & lustig mag

Andrea Bußemeier (Hrsg.)

Sugar & Spice

Schnelle Geschichten für harte Frauen

Sie ziehen durch die Straßen von New York, London oder Berlin und haben die Nase voll von einem Leben nach der Norm: Mal bissig-provokant, mal erotisch und hinreißend komisch berichten bekannte Autorinnen und prickelnde neue Talente vom Singleleben zwischen Koitus, Karriere und der Suche nach dem Kerl für's Leben!

Knaur